中世イングランド における修道院の 所領形成

著者：田巻 敦子

近代科学社 Digital

はじめに

　有史以前から、人々は農耕に適した好ましい土地を求め、集落を形成して定住しようとしてきた。旧約聖書には、このように新たなる土地へ移住して、そこに祭壇を造ることは神の意思であると記されている。これを土地取得伝承という。人々は祭壇を前にして、心正しく穏やかな日々が送れるように願ったに相違ない。この祭壇は、後世における修道院そのものであると言えよう。なぜならば、修道院とは心正しく穏やかな日々を送りたいと神に願う場であるからである。

　中世イングランドの裕福な人々は、修道院ができるとこぞって所有地を寄進し、自分自身および親族の現在ならびに未来永劫の繁栄を祈願した。このことは、旧約聖書における土地取得伝承と類似した現象として捉えることができる。しかしその背景には、人々のキリスト教への純粋なる信仰心だけではなく、ローマ教会とブリテン島の征服者それぞれの思惑も存在した。

　5世紀半ばごろよりアングロ・サクソン人によってブリテン島が征服され、彼らは徐々にキリスト教化されていった。続いて、1066年にアングロ・サクソン人に代わってノルマン人が支配者となり、彼らは戦闘や征服後の支配遂行のためになされた殺戮に対する悔い改め行為として、ローマ教会から修道院や教会の創建を命じられた。

　こうして修道院の数が急増し、上述したように所有地の寄進がなされたが、そこから得られる収益は完全に聖界のものであって、国家の収益とは乖離し、徐々に国家財政を危機的な状況へと押しやった。そしてついにヘンリー8世によって1539年に修道院は解散となり、イングランド国教教会が成立したのである。

　著者の夫である田巻繁は新潟大学理学部物理学科に在職中、職務の一端である国際共同研究の関係から、英国ノーリッチ市のイースト・アングリア大学に長短期合わせて5ヵ年あまり滞在した。ノーリッチ市には55以上の教会が存在し、その町並みは中世ヨーロッパの息吹を未だに大きく残している。

英国滞在中には、国内のあちこちに点在する古い教会や修道院の廃墟の数々を訪問して、当時の繁栄ぶりを想像した。そして、それらかつての聖所の説明書や、図書館に保管されている関連文献を探し求めた。

　宿舎が大学の図書館に隣接していたので、毎日の余裕のある時間帯にその図書館に入館することができた。図書館は極めて充実しており、求めたい参考文献や参考書はすべて完備されていた。例えばノルマン征服後の国家の記録文書が現代英語に翻訳されている資料"Patent Rolls（国家の業務すべての記録簿）"の中に、ロンドンの港湾業務に携わる係官 Geoffrey Chaucer（後に『カンタベリー物語』を記すチョーサー）の名前が出てきて、ワクワクしたことを思い出す。

　これらのことを記録として残したいと考えていくつかの論文を執筆し、その集大成として本書をまとめた。中世イングランドの人々が聖書の教えを意識的に、もしくは無意識の内に反映して日々を送ったことが伝われば幸いである。

2022年5月

田巻 敦子

目次

第1章　人間の暮らしの始まり

第2章　旧約聖書における土地取得伝承

第3章　ゲルマン民族大移動

第4章 イングランドにおけるキリスト教国家の誕生

第5章 中世初期アングロ・サクソン村落共同体における民族諸部族法

第6章 プレカリアの歴史的変遷

第7章　ノルマン征服前後のイングランド

第8章　ノルマン系諸侯の所領形成

第9章　ハーバート・ロジンガの司教区改革

第11章　ノルマン征服から15世紀までのイングランドの社会

第12章　ヘンリー8世による宗教改革

第1章

人間の暮らしの始まり

1.1　人間の暮らしの始まり——世界編

　人間はいつ頃から寄り添って暮らす、つまり集落を形成して居住するようになったのだろうか？　『クロニック世界全史』[1] によると、氷河期が終わり、広大な大地を覆っていた氷河が後退していくと、人類を取り巻く環境にも大きな変化が生じた。人類の新たな環境への挑戦が始まったのである。

　BC7500年頃、北ヨーロッパでは、狩猟採集民たちは氷河が後退していった後に広がった森林を切り開き、北へとその活動を広げていった。北ヨーロッパ平原に見られるマグレモーゼ文化遺跡からは、赤鹿や猪、鳥類、魚類などの遺存体が見つかっている。これは北に生活圏を広げていった狩猟採集民が狩猟具を利用するようになったことを意味する。狩人たちは新たな狩猟具を手に獲物を追い始め、共同作業を覚えた。

　BC6500年頃、西アジア（現在のトルコあたり）では、農耕牧畜文化が発達し、1000戸の大規模村落が誕生した。コンヤ平原南西のチャルサンバ河岸では集落が形成され、農耕牧畜文化が営まれた。食糧としてエンマー小麦やアイルコルン小麦を育て、その他に、灌漑農耕を行った。狩猟も行われたが、動物が飼われ、中でも牛が多く飼育された。

　それぞれの家は建て増しをしたように繋がっており、梯を共同に使って屋根から出入りをする。個々の間に区別はない。家の中には祭壇を置く部屋があり、壁には狩猟風景や文様が描かれ、儀式のたびに塗り重ねられた。この部屋の大きさは居住用の部屋の3倍であり、祠（ほこら）と呼ばれた。死者は家の床下に埋葬され、祠の下には家長が埋葬された。最盛期には、約1000戸の家に約6000人が居住したものの、都市への発展はなかった。知識や知識を交換するような開放性を持たなかったからである。しかし集団で暮らしていたことはわかる。

　BC6000年頃、西アジアのメソポタミア北部に集落が出現し、中部では灌漑農耕が発達した。単純な農耕牧畜集落だけではなく、野生のロバの狩猟や皮なめしを専門に行う集落があったらしい。そういった集落は、農耕牧畜を主体とする村落に食糧を依存していた可能性がある。丘ではマカロ

二小麦やスペルタ小麦が栽培され、湿気を防ぐ高床式の穀物倉庫があり、集落全体で管理を行っていた。家畜は、半数が山羊と羊、3割が豚、1割が牛で、犬も飼われていた。

　BC4500年頃、現在のイラクあたりで後期ウバイド文化の灌漑農耕が発展し、交易も盛んになり、メソポタミア南部に都市が出現した。この都市はシリア方面へ拡大した。後期ウバイド文化の最大の特徴は、基壇の上に巨大な神殿を築いたことである。エリドゥの神殿には祭殿と供物台が設置され、正方形の基壇に乗った聖所が築かれている。なお、前期ウバイド文化はBC5000年頃に生まれ、サマラッサ文化の影響で、農耕や煉瓦による建築技法、土器製造を取り入れた。この文化は南部のペルシャ湾岸のバハレーンなどにも広がり、装身具などの贅沢品とペルシャ湾産の貝との交易が行われるようになった。

　BC4000年頃、アンデスの高地（現在のペルーあたり）でリャマの飼育が始まり、定住村落が出現した。リャマは、毛と皮を利用する他、食肉用や運搬用としても用いられた。人々の生活は、従来の移動生活から植物栽培の比重を大きくした定住生活へと変化しつつあった。アンデスの高地アヤクーチョでは、豆、瓢箪、カボチャ、とうもろこしなどを栽培し、リャマやモルモットを家畜として飼育していた。一方、海岸に住みついた人々は、豊富な海産物によって、定住生活が容易となり、安定した食糧獲得が可能となった。

　BC3500年頃のヨーロッパでは、食糧の供給源にすぎなかった牛などの家畜を牽引動力として転用するようになり、農業に2つの重要な技術革新を生み出した。それは、家畜に引かせる犂と運搬車輌の普及である。犂は、耕作地を連続的に掘り返す道具だが、家畜を牽引力として用いることにより、作業効率を高め、土地当たりの収穫量を増大させた。さらに、より少ない人の手でより広い土地を耕せるようになって、耕作地も拡大された。収穫された作物は、荷車によって運ばれるが、その動力として牛が使われ始めた。これにより物資の遠隔地輸送を容易にし、交易が活発化した。

　BC3500年頃、エジプトのナイル川流域で灌漑農耕が始まり、共同体から部族国家が多数誕生した。BC3100年頃、メソポタミアで運河を整備し、神殿と城壁を持つ都市国家ウルク、ウル、エリドゥなどが現れ、シュメー

ル人を担い手とする都市国家が成立した。ウルク人は交易を支配するために植民都市の建設を行った。運河開削は組織的な共同作業が必要となる。この作業の統率者が支配者であり、「エン」と呼ばれて、BC2500年頃には都市国家の君主へと成長した。エアンナ地区は、シュメール時代に女神イナンナに捧げられた場所で、周辺にはウルク期後期の巨大な神殿群などが建設された。このために大量の資材が必要となり、交易が発展した。

　BC2000－1500年頃、現在のペルー中央海岸のチルカでは、100家族くらいの村が作られ、それぞれの家族は、草を束ねた円錐状の家に住んでいた。海岸地方での家畜化は遅く、この頃に始まったと考えられている。

1.2　人間の暮らしの始まり──ブリテン島編

　正真正銘の人間「ホモ・サピエンス」が、後世イギリスとなる土地を最初に踏みしめたのは、1.1節で述べたのと同様、氷河期が終わって北ヨーロッパに春が訪れたときのことであった。これら最古の移住者は、氷河の最終的後退につれて北上し、ヨーロッパ大陸から陸伝いに渡来した。彼らと共に、あるいは彼らより少し先に、ごく普通の野生動物、小鳥、草木が渡来した。なお、アイルランドは、ドーバー海峡が海となる前にイングランドから切り離されている。

　ブリテン島は背後に平原や低い山脈を持つ。南部および東部の平坦な海岸線は、非常に古い時代から、移住民族、海賊、略奪者、商人など大陸沿岸の徘徊者たちが、常に誘惑を覚えて上陸した所である。すなわちこの島独特の肥沃な土壌が人間を誘惑したようなものである。

　また、ブリテン島の森林には大小の獲物が充満しており、最古の人々は狩猟を主とした。狩猟者や漁師たちは、幾世代にわたって荒削りのフリント石の小片で道具や武器を作った。牧羊の時代になると、南部の広大な丘原は羊飼いたちに富と喜びをもたらした。

　羊飼いよりも勇敢な豚飼いは、狩人の後ろに付いて、薄暗い森林の中に踏み入った。豚飼いたちは、自分たちが島にいることを知らなかった。また

湖や沼のある、この湿っぽい緑の森林、彼らが狩りをする森林の他に、別の世界があるとは夢にも考えなかった。動物の皮を着て狩りをする豚飼いたちは、四つ足でひっそりと大地を歩いた。彼らにとって狩人たちは恐怖の的であり、また狩人たちも豚飼いたちを恐れ、交じりあうことはなかった。

　BC5000－4000年頃に初めて農耕が始まった。初期の農耕は、焼畑を作って灰の中に種子をまき、地力が減退すると土地を移すという略奪農法であり、普段は移住生活をして収穫のときに戻って来るというものであった。やがて家畜が農耕にも活用されるようになり、犁を引いて土地を深く耕すようになった。さらに農耕に手間をかけるようになると、次第に定住生活に移った。住居は円形や方形などの穴を掘って柱を立て、その間に板や枝や藁をふき、土を塗って作られた。

　BC3300－2900年頃になると、祭紀用の碑が作られた。クロムレック（環状列石）などが、ブリテンのみならず西ヨーロッパ各地に見られた。ストーンヘンジもその一つである（図1.1）。この時代、複数の地域でそれぞれの部族は一つの大きな囲い柵を作り、その中に数十個のハット (hut) と呼ばれる小屋を作って、それぞれの家族が同居していた。各部族内ではチーフ (chief) と呼ばれる頭目が選ばれ、全員で羊飼い、農耕、狩猟、手斧等の単純な武器の作成に従事していた。各部族は、次第に敵対関係や和合状態を形成するようになった。この部族間の和合や交流が社会層的に広まり、初期の文化国家と呼べるものを形成するに伴い、それまでは小さな祭礼施設であったストーンヘンジが、巨石建造物として大規模化されたのである。また、商品経済の普及により社会の階層化が進み、各地の部族が勢力を拡張するようになった。この時代には大陸との交易も活発となった。

　BC1650－1400年頃は、ウェセックス文化期に当たる。この時代は青銅器文明の初期であり、人々はブリテン島の中部から南部にわたって暮らしていた。ブリテン諸島に出入りしていた流浪民たちは時代が下がるごとに定住化して富を蓄え、地元の非インド・ヨーロッパ語族の人々の社会を支配し、政治的に同化吸収するようになった。彼らはケルト人であったので、ケルト語派の言語が、地方的訛りを伴ってブリテン諸島全体に広がった。

　この頃から、ブリテン諸島の広い範囲で大きくまとまった諸部族が生じた。20ヘクタールほどの土地を壕と柵で囲って集落を作り、その中で大

麦・小麦を栽培し、牛や豚を飼育した。戦士たちが貴族として支配層となり、農民たちは牛に犂を引かせていた。戦士たちは時おり戦争に行き、勇敢さを競い合った。特に錫などの鉱山では、しばしば争奪戦が起きた。これが個々に土地取得を求めるようになった時代背景である。

図1.1　ストーンヘンジ

　人々が寄り添って居住する集落が誕生し、日々の食糧を求めるために、最初はその集落周辺の鳥獣魚類を確保した。その後、次第にその共同生活をより豊かなものにするため、大麦・小麦等の農耕地開拓がなされ発展した。共同生活によって人口が増加し、新たな農耕地を求めることは、人々の必然的な結果であった。これが、人々の土地取得願望の根底にある。

　次章では、人々の土地取得願望についての始まりとされる、旧約聖書に記載されている土地取得伝承について述べよう。

参考文献

[1]　　『クロニック世界全史』，講談社 (1994).

第**2**章

旧約聖書における
土地取得伝承

2.1 　土地取得伝承の始まり

2.1.1 　カインとアベル

　旧約聖書には、新たな土地取得のために民族が移動することの正当性が示されている。これを土地取得伝承といい、ユダヤの地から古代ギリシャを経て、さらに地中海地方からヨーロッパの各民族に伝承されていったことは疑いのない歴史的事実である。

　土地取得伝承は、旧約聖書『創世記』4章に記録されている人類最初の兄弟殺害の物語、兄が弟を野に誘って打ち殺す物語から始まる。話は、禁断の園の木の実を食べて、エデンの楽園を追放されたアダムとイブの後日譚から始まる。神の罰により、食物のために顔に汗して、一生苦しみ通し働き続けなければならなくなったアダムとイブ。この一組の男女に息子が2人生まれる。カインとアベルである。子供たちは成長し、兄のカインは土地を耕す者＝農耕者、弟のアベルは羊を飼う者＝牧羊者となる。

　ある日のこと、2人の兄弟は、主なる神の前に彼らが働いて得たそれぞれの産物を捧げるために競いあう。カインは大地を耕して収穫した畑の初物を、アベルは羊の初子とよく肥えた羊とを神に捧げた。事件は、ここから始まる。神がアベルの供えた捧げ物だけを、心にとめたからである。カインはいたく失望する。このとき、カインの心に殺意がきざす。そして、カインはアベルを野に連れ出して殺害した。

　アベルの不在に不審を抱いた神が、カインに向かって弟アベルの所在を尋ねたとき、カインは何食わぬ顔でこう答えたという。「知りません。私は弟の番人でしょうか。」神は激しい呪いをもって、カインを断罪した。「あなたは何をしたのです。あなたの弟の血の声が、土の中から私に叫んでいます。今あなたは呪われて、この地を離れなければなりません。この土地が口をあけて、あなたの手から弟の血を受けたからです。あなたが土地を耕しても、土地は、もはやあなたのために実を結びません。あなたは地上の放浪者となるでしょう。」

　これが不幸の始まりであった。カインは永遠に放浪者とならねばならない。それが、犯した罪に対する罰である。しかも神は、放浪者カインを誰

も打ち殺すことのないように、彼に一つの「しるし」を付けられた。カインは神のしるし（安全と庇護）を身に帯びて神のもとを去り、エデンの東に移住する。こうしてカインの末裔の不幸の歴史（＝土地の取得）が始まった。

2.1.2　土地取得の正当化

　BC8世紀、すなわち紀元0年から800年前には、既に旧約聖書の律法がイスラエル人民の守るべき道徳上・宗教上の基準として重要視されていた。したがって、人々が新たな土地を所有するに当たって、それを正当化する必要があった。彼らは、信仰が自己や他者に対して土地取得の正当性を弁明し、一種の宗教的確証を与えねばならないと考えたのである。これをシナイ伝承または土地取得伝承という。つまり、土地取得伝承とは、昔の歴史的事実を神の救済意志によって正当化するものなのである。

　旧約聖書[1]に、「土地は祭壇に付く」という聖句がある。その頃、土地は手当たり次第に自由に所有できた。まず神に祈りを捧げ、そこに祭壇すなわち聖所を建てれば、その土地は祭壇を建てた者のものになった。

　それでは「祭壇」とは何を意味するのであろうか。それは、神に供物を捧げ、神を思い——すなわち祈り、神との心の交流を意識して穢れのない清貧に徹することを誓い、生活のための労働を重んずることを誓う場所である。幾人かの志を同じくするものが祭壇を中心にした生活を営み始めれば、それは修道の園であり、後に定着した言葉——修道院——の起源となったと考えられる。とすれば、土地取得に伴い、そこに祭壇が創建されるという行為は、まさしく人々にとって正当化された行動であった、と考えられる。

　旧約聖書において、「祭壇を築く」という行為は、ノアの方舟の箇所に既に記されている。旧約聖書『創世記』8章15～20に「そこで、ノアは息子たち、妻、息子の妻たちと一緒に外に出た。……中略……ノアは主のために祭壇を築いた。」とある。これは、「取得した土地に、神のための祭壇を築き、定住生活を営む」ということが、旧約聖書において初めて記述された箇所である。そしてノアたちが方舟から外に出たときから789年後、ノアの11代目の子孫であるアブラムが誕生したという。

2.1.3　主がアブラムに申し渡された言葉

旧約聖書『創世記』には以下のような言葉が示されている。

『創世記』12章1

主はアブラムに言われた。『あなたは生まれた地と親族、父の家を離れ、私が示す地に行きなさい。』アブラムは妻と甥を連れ、蓄えた財産とハランで加えた人々を伴い、カナンの地に向けて出発した。アブラムはその地を通ってシェケムという所まで来た。その頃、その地には先住民のカナン人が住んでいた。

主はアブラムに現れて言われた。「わたしはあなたの子孫にこの地を与える。」アブラムは自分に現れた主のために、そこに祭壇を築いた。それからベテルの東の山地へと移り、そこに天幕を張った。西にベテル、東にアイがあった。彼はそこに主のための祭壇を築き、主の名を呼んだ。

『創世記』13章14〜18

主はアブラムに言われた。「さあ、あなたは自分が今いる所から北、南、東、西を見回してみなさい。見渡す限りの地を、わたしはあなたとあなたの子孫に末永く与えよう。」……中略……「さあ、その地を自由に歩き回ってみなさい。私はその地をあなたに与えよう。」アブラムは天幕を移し、ヘブロンにあるマムレの樫の木のそばに来て住み、そこに主のための祭壇を築いた。

『創世記』17章1〜13

アブラムが99歳の時、主はアブラムに現れて言われた。……中略……「あなたは多くの国民の父となる。あなた名はもはやアブラムとは呼ばれず、アブラハムがあなたの名となる。……中略……私はあなたが身を寄せている地、カナンの全土を、あなたとあなたに続く子孫にとこしえの所有地として与える。こうしてわたしは彼らの神となる。」と。

こうして、土地というものは本来神のものであり、「土地は祭壇に付くも

の」と考えられるようになった。そして、主のために聖所を建てれば、その土地は建てた者の所有になった。これが土地取得伝承の始まりである。

2.2 土地取得伝承の具体的な記述

2.2.1 モーセの召命と律法

　土地取得伝承は、旧約聖書に記載されている土地取得に関する昔の歴史的事実を神の救済意志として正当化し、時代を超えて伝えていくもの、と定義される。

　土地取得伝承に関する文献は、ゲルハルト・フォン・ラートの『旧約聖書の様式史的研究』が唯一であるかもしれない[2]。フォン・ラートは問題提起として、旧約聖書から『創世記』『出エジプト記』『レビ記』『民数記』『申命記』『ヨシュア記』の六書研究を挙げたが、不十分である。

　『創世記』『出エジプト記』『レビ記』『民数記』『申命記』の五書は神の言葉として書かれているが、実際の著者はモーセであり、「モーセ五書」と称される。すなわち、旧約聖書に出てくる神の救済意志は、実際には神によるものではなく、この世に実存した人間モーセの作であり、構想であった。ただし、『出エジプト記』の各章の始まりが神（主）からモーセに言われた言葉という表記になっていることに留意したい。これはモーセ自身に幻視と真実との区別がつかなかったことを表し、古来より幻視（ビジョン、Vision）と称されていた形式であると考えられる。

　例えば『出エジプト記』6章には「さて、主はモーセに言われた。」とある。同様の文言が『出エジプト記』7〜9、11〜14、20、24、25章に記述され、26章には「幕屋を十枚の幕で造りなさい。」、27章には「アカシヤ材で祭壇を造りなさい。」、30章には「香をたく祭壇を造りなさい。」と記述されている。

　さらに「主はモーセに告げられた」といった言葉が31、33、34章に続く。そして、40章には次のように示される。「主はモーセに告げられた。……中略……会見の幕屋を建てなさい。……中略……幕屋が建てられた。モー

セは台座を据えて板を置き、横木を渡し、柱を立て、幕屋の上に天幕を広げ、天幕の覆いをその上に掛けた。灯を主の前にともした。主がモーセに命じた通りであった。モーセとアロンは祭壇に近づくときはその水で手と足を洗った。常に洗った。」

図2.1　旧約聖書の土地取得のリーダー、モーセ
（レンブラント 画、ベルリン美術館所蔵）

　『出エジプト記』によると、モーセはシナイ山で十戒を授かり、他にもさまざまな祭儀規定や倫理規定、法律が言い渡されている。十戒は多神教や偶像崇拝、殺人・姦淫・窃盗を禁止し、また父母への敬愛や隣人愛などの倫理を規定するものである。この十戒を基にして、神はイスラエル人全体と契約を結んだことにした。この契約は、ユダヤ教の重要な原点の一つとされている。「ヤハウェ」という神の名は、モーセが初めて明かしたものである。モーセ以前には「アブラハムの神」「イサクの神」「ヤコブの神」という呼ばれ方でしかなく、実存を意味していない。

　出エジプト記の他にも、『レビ記』『民数記』『申命記』には、多量の法律、倫理規定、禁忌規定、祭祀規定が（神から言い渡されたものとして）記されている。これらをまとめて律法という。これらは全て神が命じた言葉と

して書かれているが、前述した通り、実際はモーセが考えて練り上げた言葉であった。やがて年老いたモーセは、後継者であるヨシュアに全てを託した。『ヨシュア記』はモーセの死後、ヨシュア自身の言葉で書かれた内容であるが、神の語った言葉としている点はモーセと変わりがなかった。

2.2.2　ヨシュアによる土地取得

　『ヨシュア記』はモーセと同じように、神がヨシュアに語りかけたという形式をとった。そしてヨシュアが征服した土地は神がイスラエルの人々に与えたものとした。なぜなら、神が与えた土地であれば、占領は不正行為にはならなかったからである。以下、『ヨシュア記』から引用する。

『ヨシュア記』1章　モーセの後継者ヨシュア
　主の 僕 モーセの死後、主はモーセの従者であったヨシュアに言われた。「私の僕モーセは死んだ。さあ今、あなたとこの民は皆立ち上がり、このヨルダン川を渡りなさい。その先には、私がこの民、イスラエルの人々に与える地がある。私はモーセに告げたとおり、あなたがたの足の裏が踏む所をことごとくあなたがたに与える。この荒れ野から、あのレバノン山、大河ユーフラテスに至るまで、さらにヘト人のすべての地と、太陽の沈むあの大海に至るまでが、あなたがたの領土となる。あなたの命の続くかぎり、誰一人あなたの前に立ちはだかる者はいない。私がモーセと共にいたように、私はあなたと共にいる。あなたを見放すことはなく、あなたを見捨てることもない。強く、雄々しくあれ。私がこの民の先祖に誓い、今この民に与える地を、彼らに受け継がせるのはあなただからだ。……」

『ヨシュア記』2章　エリコを探る
　ヨシュアは、二人の男に、「エリコに行き、その地を探りなさい。」と命じ、斥候としてひそかにシティムから送り出した。

『ヨシュア記』3章　ヨルダン川を渡る
　ヨシュアは朝早く起き、イスラエルの人々すべてと共にシティムを出発

し、ヨルダン川に着いた。彼らは川を渡る前に、そこで夜を過ごした。三日たってから、民の役人たちは宿営の中を巡り、民にこう命じた。「あなたがたの神、主の契約の箱と、それを担いだレビ人である祭司たちがあなたがたの目に入ったら、おのおのの場所から出発し、その後に続きなさい。」

『ヨシュア記』4章　記念の十二の石

すべての民がヨルダン川を渡り終えたとき、主はヨシュアに言われた。「あなたがたは民の中から、部族ごとに一人ずつ、十二人を選び出しなさい。彼らに命じて、ヨルダン川の真ん中で祭司たちが足を止めて立っていた場所から十二の石を取り、それを持って来て、今夜あなたがたが夜を過ごす場所に据えなさい。」

『ヨシュア記』8章　アイの滅亡

主はヨシュアに言われた。「恐れてはならない。おののいてはならない。戦士全員を率い、直ちにアイへ攻め上りなさい。見ていなさい。私はアイの王とその民、町と土地をあなたの手に渡す。……」

『ヨシュア記』10章　五人の王の征服

ヨシュアは、カデシュ・バルネアからガザまで、ゴシェンの全土をギブオンに至るまで討ち取った。これらすべての王と土地を、ヨシュアは一度に捕らえ、占領した。イスラエルの神、主がイスラエルのために戦われたからである。

『ヨシュア記』11章　占領地

ヨシュアはこの地のすべて、すなわち、山地、ネゲブ全土、ゴシェンの全土、シェフェ、アラバ、イスラエルの山地とシェフェラを獲得した。

『ヨシュア記』12章　ヨルダン川の西側で征服された王たち

ヨシュアとイスラエルの人々は、ヨルダン川の西側を討った。ヨシュアは、レバノンの谷にあるバアル・ガドから、セイルの途上にあるハラク山に至る地を、イスラエルの各部族の割り当てに従って所有地として与えた。

『ヨシュア記』13章　各部族の領地

　ヨシュアは多くの日を重ねて年を取った。主は彼に言われた。「あなたは多くの日を重ねて年を取ったが、占領すべき土地はたくさん残っている。……」

『ヨシュア記』14章　ヨルダン川の西側

　イスラエルの人々が、カナンの地で相続地として受け継いだのは次のとおりである。これは祭司エルアザル、ヌンの子ヨシュア、そしてイスラエルの部族の家長たちが相続地として与えたものである。

『ヨシュア記』22章　ヨルダン川東岸の諸部族が帰還する

　さて、ルベンの遺族、ガドの一族、マナセ族の半数は、カナンに地にあるヨルダン川のゲリロトに到着し、その所で一つの祭壇をヨルダン川のほとりに築いた。

『ヨシュア記』24章　シェケムの契約

　ヨシュアはすべての民に言った。「イスラエルの神、主はこう言われた。『あなたがたの先祖は、昔、ユーフラテス川の向こうに住んでいた。アブラハムとナホル、その父テラは他の神々に仕えていた。しかし、私はあなたがたの先祖アブラハムをユーフラテス川の向こうから連れ出して、カナンの全土を歩ませ、彼の子孫を増し加えた。イサクにはヤコブとエサウを与えた。私はエサウにセイルの山地を与え、彼はそれを得たが、ヤコブとその子たちはエジプトに下って行った』……」

　これらの後、主の僕ヨシュアは110歳で死に、エフライムの山地にある彼の相続地、ガアシュ山の北にあるティムナト・セラに葬られた。

参考文献

[1]　『聖書』，聖書協会共同訳，旧約聖書続編付き，日本聖書協会(2018).
[2]　ゲルハルト・フォン・ラート，『旧約聖書の様式史的研究』，新井章三（訳），日本

基督教団出版局 (1969).

第3章

ゲルマン民族大移動

3.1　はじめに

　ゲルマン民族大移動は375年に始まり、1130年までの長期にわたっている。その動機は、人口増加に伴う食糧事情にあった。彼らはいったん土地を奪っても、食糧が賄えなくなれば次の土地を求めて移動し、行く先々で争いを起こし、暴徒化した。ローマ教会の教皇はじめ聖職者たちはゲルマン民族をキリスト教に改宗させようとしたが、その一方で彼らを蛮族とみなし、恒久的に敵対していた。

　ゲルマン民族大移動の内容は複雑で、全体を一括して論じることはかなり困難である。そこで本章では、「大陸系ゲルマン民族の移動」と「北欧系ゲルマン民族の移動」の2つに分けて解説する。

　近年、キングスレイのケンブリッジ大学における講義録(The Roman and the Teuton, a series of Lectures)が復刻された[1]。取り扱っているのは主として北欧系ゲルマン民族で、140年を経てもなお、このテーマに対して根強い興味が持たれていることがわかる。

図3.1　ゲルマン民族大移動のイメージ画（田巻三奈 画）

3.2 大陸系ゲルマン民族の移動

　375年、西ゴート族の40年間にわたるイタリアとガリアへの侵略と彷徨が始まる。彼らはさらに西に移動して、5世紀はじめには西ローマ領内に侵入し、410年にローマを占領して略奪をほしいままにした。永遠の都ローマが蛮族に蹂躙されたという事件は、ローマ世界に大きなショックを与えた。教父アウグスティヌスが『神の国』を著した所以である。西ゴート族はフランス南西部のアキテーヌ（後のクリュニーの一帯）に定着し、418年に南フランスのトゥールーズを首都に王国を建てたが、711年に滅亡した。

　西ゴート族の後、ゲルマン諸部族が旧西ローマ帝国の領域の中へ次々に移動してきた。そこにはローマ人が住んでおり、ゲルマン人は全体の5％にすぎない「蛮族」「異民族」であった。また、彼らはアリウス派（イエス・キリストの神生化を認めない派）であったので、アタナシウス派（イエス・キリストの神生化を信じる派）のローマ教会にとっては「異教徒」であった。しかしゲルマン人はローマ人に吸収されることもなく同化もせず、諸王国を築いた。

　一番長い距離を移動したとされるヴァンダル族は、ジブラルタル海峡を渡り、北アフリカの由緒ある都市カルタゴを首都としてヴァンダル王国を築いた。ここは、西ローマ帝国の穀倉地帯であった。無意味な破壊行為を「ヴァンダリズム」と称するが、それはこの部族の特徴を表している。王国は534年に滅亡した。

　イタリアに侵入した東ゴート族は、ローマに対する離反と同盟を幾度も繰り返した後、493年にラヴェンナを首都とする東ゴート王国を建国した。彼らはローマ人貴族の協力を得ながらイタリア半島を支配したが、後に滅亡した。

　スカンジナビアを原住地とするゲルマン部族であるランゴバルド人は、紀元前後から南下を始め、エルベ川下流域、ドナウ川中流域に達し、パンノニア地方を根拠地とした。6世紀にイタリアへ南下を開始し、ポー川流域のロンバルディア平原に王国を樹立した。643年に最初のランゴバルド法、初代ロタリィ王法典が発布された。712年に王位に就いたリュート

プランド王は熱心なキリスト教徒で、ランゴバルド人改宗のためにゲルマン民族諸部族法を整備し、改正した。そしてローマ教皇グレゴリウス2世に友好と同盟を提唱したが、認められなかった。その後、ローマ教皇グレゴリウス3世は、ランゴバルド人によるイタリア半島統一を阻止するため、周辺公国にリュートプランド王への反乱を起こさせた。リュートプランド王は20年かけて反乱を鎮圧し、イタリア半島をほぼ手中に収め、ランゴバルド王国は全盛期を迎えたが、773年に滅亡した。

　以上は、西ローマ帝国の中心地に侵入していった部族であるが、周辺地域を移動したグループもあった。その代表がフランク族である。彼らは現在のドイツ北部からフランス北部に移動し、スペインのトレドを首都にフランク王国を建てた。カール大帝（在位795－813年）の時代に大発展し、西ヨーロッパ全域を統一した。領土の大きさではビザンツ帝国に匹敵する大帝国であった。800年に、ローマ教皇はカール大帝にローマ皇帝の冠を授けた。カール大帝の政策は、広い領土を支配するために各地に伯と呼ばれる長官を配置し、さらに伯の地方行政を監査するための巡察使を派遣するというものであった。新たに領土となった地域には積極的にキリスト教会を建設し、ローマ教会に属する修道院もまた、各地に創建された。カール大帝の死後、フランク王国はその子孫たちに3分割されて相続された。中部フランク王国は現在のイタリア、東フランク王国はドイツ、そして西フランク王国はフランスである。西フランク王国にはクリュニー修道院が含まれる。

　また、現在のスイスあたりに来たブルグント族は、411年にブルグント王国を建てる。王国は534年に滅亡した。

3.3　北欧系ゲルマン民族の移動

3.3.1　イングランド統一

　ゲルマン民族の中で最も土地を欲したのは北欧系民族であった。北欧のフィヨルドの地形とその岸辺の固い地質が食糧困難事情をもたらしたから

である。

449−613年の間をイングランド人の征服と称する。Englishの語源は Anglishである。これは、アングロ・サクソン人がブリテン島（ブリタニア）を征服したことに関係する。ローマが撤退したのち455年に、北ドイツに定住していたゲルマン系の古サクソン人、アングル人、チュートン人が船で海を渡ってやって来た。ブリテン島南部を支配していたブリトン人の首長フォルティンゲルが、北方のケルト系民族ピクト人と戦うために傭兵として招いたのである。

はじめにヘンゲストとホルサ兄弟に率いられて船で海を渡ってきた傭兵は、わずか140人にすぎなかったが、その後も多くの者がブリテン島に上陸して増加した。彼らはフォルティンゲルの思惑どおりピクト人を撃退したが、やがて報酬に不満を覚え、矛先を支配者に向けるようになった。この傭兵の反乱をきっかけに在来のローマ系ブリトン人との間に抗争が長引き、後のアングロ・サクソン人たちは独自に村落を探し求め、次第に定着するようになったのである。

後世のデーン人同様、アングロ・サクソン人は残虐な精神をもち、自分たちのものより高度な文明を破壊することを好んだ。彼らは土地を略奪して、そこに住んでいた先住民であるケルト人やピクト人を奴隷にし、その奴隷を使って未開地を開墾した。先住民だけでなく、部族内で重大な犯罪——殺人、婦女子への理不尽な暴行、窃盗をなした成人も、奴隷化の対象となった。奴隷の子孫は、初めから奴隷の身分であったが、善行を積んだ者は、身分が一段上昇し、農奴となったようである。

アングロ・サクソン人はブリタニアに次に示す七王国を建てたが、825年にウェセックスのエグベルト王によって、イングランド王国に統一された。

ケント（455−871年）
サセックス（477−825年）
ウェセックス（6世紀−1016年）
エセックス（527−825年）
イースト・アングリア（527−825年）
マーシア（527−918年）

ノーサンブリア（637 – 954年）

3.3.2　ノルマン征服

　現在のデンマーク、ノルウェー、スェーデンの沿岸部には、ゲルマン民族の一派であるノルマン人、すなわちヴァイキングが居住していた。彼らはゲルマン民族大移動には呼応しなかったが、9世紀以降、船を使って移動を始めた。動機は食糧事情にあった。人口の増加に伴い、食糧を賄うに十分な土地が不足してきたので、新天地を求めて動き出したのである。目指すは農耕地であった。はじめはブリテン島やヨーロッパの沿岸地方を襲って略奪をしていたが、やがて河川を遡って内陸部までも侵奪するようになった。特に教会や修道院に蓄えられていた財産が侵奪の対象になった。

　ノルマン人は各地を占領し、9世紀後半からはフランスに侵入して略奪を繰り返し、911年にフランス王国の中にノルマンディ公国を建てた。一方、ノルマン人の一派であるデーン人はイングランドに侵入し、その大半を征服した。871年にアルフレッド大王がデーン人を破り、イングランド王国を再建したが、1016年にデーン人のクヌートが侵攻し、再びデーン王朝になった。

　999年から、地中海に面するビザンツ帝国やロンバルド王国の中の各公国や各地方では、勇猛果敢なノルマン人を傭兵として重用した。彼らは次第に組織化し、1030年には、鉄腕ウィリアムがナポリ公国の伯爵になった。ノルマン人は11世紀半ばまで傭兵の役割を演じていたが、有名なロベール・ギスカールがシシリー島とマルタ島をビザンツ帝国の支配から解放し、教皇グレゴリウス7世の信任を得た。

　1066年に、ノルマンディ公国はイングランドを征服する。征服したノルマンディ公ウィリアムは、ノルマンディ公国を建てたロロの5代後の子孫であった。これがノルマン征服であり、ゲルマン民族大移動の終焉となった。

参考文献

[1]　C. Kingsley, *The Roman and the Teuton*, Macmilan, Cambridge and

London(1913).

（復刻版）*The Roman and the Teuton Series of Lectures*，BIBLIO BAZAAR(2007).

第4章

イングランドにおける
キリスト教国家の誕生

4.1　北欧系ゲルマン民族はいかにしてキリスト教徒化したか

4.1.1　北欧系ゲルマン民族のキリスト教徒化

　前章で述べたように、キングスレイのケンブリッジ大学における講義録 "The Roman and the Teuton, a Series of Lectures" が復刻された [1]。当初より出版を求める声が強く、在職中1864年に初版、没後1913年に再版、2007年に3度目の刊行となった。特に講義10、同11は、「いかにして北欧系ゲルマン民族はキリスト教化されたか」を命題にしており、140年を経てもなお、この命題に対する民族的に根強い要望があることを物語っている。

　北欧系ゲルマン民族をキリスト教に改宗させたのは、確かにローマ教会の教皇をはじめとする聖職者であった。それにもかかわらず、なぜローマ教会の聖職者は彼らに対し、恒久的に敵対的であったのか？　これがキングスレイが投げかけた疑問であり、問題提起であった。キングスレイの講義録の表題「ローマ人とチュートン人」は、ローマ市民法とチュートン民族諸部族法との対比を、またローマ・カトリック教徒とイングランド国教徒との対比を意味し、敵対する構造を示しているが、十分な解答とはいえない。

　とはいえ、チュートン民族が自主的に自発的にキリスト教に改宗したということはまぎれもない事実であった。彼らの宗教でウォーデン（Woden、北欧神話の主神）やトール（Thor、雷や戦争や農業を司る神）が占めていた所がキリスト教の神に入れ替わることに何ら抵抗もなく、北欧系ゲルマン民族自身がそれを選択したのである。これらから察するに、北欧系ゲルマン民族はローマ教会の聖職者が教える神とは別に、彼ら民族にとって救いとなる独自の神を選び、ひそかに信仰を育んでいたものと思われる。キリスト教化した後に生じたローマ教会の聖職者と北欧系ゲルマン民族間の敵対する関係は、それは同じキリスト教ではあるが、信じる神（々）が違っていたことに起因したのではないだろうか。では、北欧系ゲルマン民族にとってキリスト教の神とは何か？　これが重要なヒントであり、謎で

もある。

スティーヴンソンは、シャーボーン司教アッサーが893年頃に書いたとされる"De Rebus Gestis Ælfredi（アルフレッドの業績状況）"を、近代英語版"Life of King Alfred（アルフレッド大王伝）"に編集し直した。本書は、第1章においてアルフレッド王から創世記のアダムに至る系図を紹介したことで、広く読まれた。元来、アングロ・サクソン人は異教徒であり、やがてキリスト教に改宗する。したがって王家の系譜を作成するに際して、まずウォーデンまで遡り、さらにノアまで遡る。そしてノアから「聖書」の系譜に繋げる。新しい人類の祖先であるノアは、異教とキリスト教を結ぶ要であった。

4.1.2 イングランドにおけるキリスト教の布教

450年頃、ゲルマン民族大移動の一環として、北欧系ゲルマン民族がブリテン島に侵入し、土地取得を巡って、民族同志間で争った。まさに国取り合戦であった。詳細は『アングロ・サクソン年代記』のカンタベリー写本、F449、F547、F552、F560、F592を参考にされたい[2]。

ブリテン島へのキリスト教の布教は597年、教皇グレゴリウス1世がイタリア人修道士アウグスティヌスを団長とする一行を、アングロ・サクソン七王国の一つケント王国に派遣したときに始まる。ちょうど同じ頃、北からはアイルランド発祥のケルト教会による布教が開始された。

七王国の一つノーサンブリア王国には、オズワルド王の招きで、635年にアイオゥナからエイダンの布教使節団がやって来た。エイダンはホーリィ・アイランド島にリンデスファーン修道院を創建した[3]。また、イースト・アングリア王国においては、630年頃フルサ(Fursey)という名の修道士が一団を率いて、アイルランドからノーフォーク州バラ・カッスルにやって来た。フルサはバラ・カッスルに修道院を建て、自ら修道院長になった[4]。ベーダの『英国民の教会史』第3巻19章には、フルサがイースト・アングリア国にキリスト教の信仰を説教して歩いたことが記されている[5]。

一方、北からの布教の流れであるアイルランド教会の大きな特徴は、部族的であったことである。教会区制をとっておらず、司教の大部分は司教

座を持たなかった。つまり、ローマ的意味での司教制度ではなかったのである。また、通常のアイルランド修道院は単一の部族と結びついており、その院長を統制し得る教会組織上の上司を認めていなかった [6]。チュートン民族を直接改宗に導いたのは、これらケルト教会系、アイルランド教会系の修道士たちであった。

4.1.3　イングランドにおける初期の修道院

布教に伴い、イングランドのキリスト教には歴史的に見て大きな変化が生じた。それは修道院の導入である。

修道院の第1の目標は、キリスト教の主題である「人々の悪徳の矯正と克服」の実践である。主として世俗を離れた修道院の中で生活する修道士 (monk) を対象として発達した。

この流れは、東方の隠修士ヨハネス・カッシアヌスによって415 − 429年頃に書かれた著作『隠修士の制度と主な八つの悪徳の矯正について十二の書』に負う。内容の第1部1〜4書は修道院生活について、第2部5〜12書は活動的生活と共同的生活において完徳を述べたものである。大食、邪淫、強欲、憤怒、怠惰、失望、虚栄、傲慢の八悪徳が論じられた。カッシアヌスの理念は「自分自身で悪徳を矯正する最良の方法は、それと反対の有徳を実践する」ことであり、悪徳と有徳の間に相対する自己の精神的な戦いに焦点を合わせている。その後、アイルランド修道院のヴィニアンおよびコロンバヌスの贖罪規定書が生まれ、このカッシアヌスの理念を活かし、自分が犯した罪に相応する償罪行為 (penance) として八有徳を自分で規定した。

カッシアヌスの系譜は世俗を離れた所にあるアイルランドの修道院に流れた。その流派である修道会を表4.1に記す。

表4.1　カッシアヌスの系譜の修道会

名称	特徴
ベネディクト会修道士 (黒衣修道士)	本来の会則は聖ベネディクトによって創られた。597年に聖オーガスティンによってカンタベリ　で確立された。
クリュニー会修道士 (黒衣修道士)	改革派ベネディクト会。910年にフランスのクリュニーで創立。ノルマン征服以降までイングランドに広まらなかった。クリュニー会修道士は多くの時間を祈祷に当てた。そして有料召使いとして雇われた。
シトー会修道士 (白衣修道士)	11世紀末にフランスのシトーで創立された。シトー会修道士は一生懸命に手仕事を信奉した（労働は有料召使いでなく平修道士によりなされた）、そして例えばヨークシャーのような世俗からかけ離れた場所に住居を建設した。
カルトジオ会修道士 (白衣修道士)	12世紀に聖ブルーノによってフランスのシャルトルーズで創立された。カルトジオ会修道士は別々の独居房でほとんど完全な孤独と沈黙の生活をした。

　修道院の第2の目標は、堕落して自活能力を失っていた人間がまともな社会生活が送れるようになること、すなわち罪びとが精神的・社会的に立ち直って生き返るという意味の甦生を促すことである。この流れは、421年にヒッポの司教アウグスティヌスが67歳で記した著作『エンキリディオン』に負う。エンキリディオンとは、「キリスト教要理」や「キリスト教綱要」のようなものである。執筆されたのは、蛮族がローマ領域の侵略を拡大して暴れていた時期に当たる。

　アウグスティヌスが主として対象としたのは、司教座大聖堂に付属する修道院の参事会員（canon、キャノン）であった。参事会員は修道院から外へ出歩き、民衆に説教や告解を行った。アウグスティヌスは社会における大司教・司教を含む聖職者以下、聖職者の資格がない平信徒(layman)や教会奉仕者(laity)を含む全階層の人間の甦生を念頭に置いていた。また、「聖人といえども、生存中は罪を犯したはず」という発想をもっており、人間を悪事から救い出すことを本命とした。

　アウグスティヌスは、どのような悪事であっても教会における悔い改めによって赦され、それ以外に赦される術はない、それゆえ聖職者は神聖な教会にて信仰告白を聴いた後で整然とした手順で告解を行い、その結果、罪びとの罪の赦しを教会において告げねばならない、とした。アウグスティヌスの系譜は、世俗の中にある司教座大聖堂付属の修道参事会に流れた。表4.2にこの流派である修道会を記す。

表4.2　アウグスティヌスの系譜の修道会

名称	特徴
聖堂参事会修道司祭	地域社会に居住し、ヒッポの司教聖アウグスティヌスの規律を遵守した。修道士に極めて類似しているが、修道士と違い地域で説教と祈りを行った。
アウグスティヌス会（黒衣）参事会員	大衆の説教者。およそ1100年頃イングランドに初めて現れた。彼らの教会は、多数の会衆を収容するために大きな身廊を保有した。
アウグスティヌス会（白衣）修道士あるいはプレモント会修道士	1123年にフランスのプレモントレにおいて創立された、より厳格な分会派。

この第1、第2の修道院の目標は、カッシアヌスやアウグスティヌスの執筆時期から見て、ゲルマン民族大移動中の蛮族の蛮行に苦慮して生み出されたものであろう。彼らはよほど、悪業の限りをつくしたものであったらしい。未熟で野性的で、善悪の基準などなきに等しかったであろう。ゲルマン民族の一派である北欧系ゲルマン民族に関しても同様のことがいえた。

4.2　七王家における北欧神話

4.2.1　北欧神話

北欧神話は、5－7世紀にアングロ・サクソン人が信仰していた宗教で、民族移動期のゲルマン民族の異教信仰に関係している。アングロ・サクソン人はほとんど文字を知らなかった。口伝伝承の物語は、吟遊詩人の前身たちによって詩歌の形態で集団や部族の間に口頭で伝わったが、主な文筆上の原典は、ベーダの著作『時代の本質について (De Temporum Ratione)』である。つまり、キリスト教徒の編集したものであった。

叙事詩『ベオウルフ (Beowulf)』は、アングロ・サクソンの異教信仰、詩歌と歴史についての重要な原典の一つである。しかし、内容は明らかにキリスト教徒の聴衆に向けられたものであり、キリスト教の神について沢山の言及がなされ、キリスト教徒の決まり文句や比喩が用いられていた。例えば、モンスターのグレンデル (Grendel) は聖書のカインの子孫として記述されている。

アングロ・サクソン人は北方人種や他のゲルマン人と同じ神々を崇拝し

た。例えば、アングロ・サクソン人のサノァー (Thnor) は北方人種のトール (Thor) であり、ゲルマン人のドナル (Donar) である。同様にアングロ・サクソン人のウォーデン (Wodcn) は北方人種のオーデン (Odin) であり、ゲルマン人のヴォータン (Wotan) であった。

4.2.2 アングロ・サクソン王家の系図

アングロ・サクソン各王家の系図には北欧神話の神であるウォーデンが取り入れられている。以下に示すベーダが作ったケントのエセルバート (Æthelberht) についての家系図は、神話から本物の歴史的伝説への転換を説明している。

Æthelberht——Eormenric——Octa——Oisc(Oeric)——Hengist——Wihtgisl——Witta——Wecta——Woden

家系図の始まりはウォーデンであり、最後は君主のエセルバート自身である。その中間に伝説的英雄のヘンギスト (Hengist) が存在する。彼は強大な軍司令官であったが、ブリテン人の雇い主を襲い、ケント王国を樹立したという。

一方、『アングロ・サクソン年代記』には、紀元元年からの記録の前に「序文：アルフレッド王の系譜」がある。この序文からアルフレッド王が『アングロ・サクソン年代記』編集に着手した時期、その意図、国家統治の方法と構想、そのために王家の系譜の必要性等を汲みとることができる。以下、写本Aの序文からそれらを試みる。

「キリストの誕生から494年を経た年に、ケルディクとその息子キンリクが5隻の船を率いて、ケルディク（地名）の海岸に上陸した。系図を遡ると、ケルディクはエレザの子——エズラの子——イエウィスの子——ウィッグの子——フレアウィネの子——フリズガルの子——ブロンドの子——バルダイの子——ウォーデンの子であった。」
「6年後彼らはウェスト・サクソン王国に下船し、征服した。すなわち彼

らはブリトン人からウェスト・サクソンの国土を征服した最初の王たちであった。ケルディクはその王国を16年統治した。彼の死後、息子キンリクが継承し、26年統治した。彼の死後、息子ケアウリンが継承し17年統治した。彼の死後、息子ケオルが継承し、6年統治した。彼の死後、弟ケオウルフが継承し、17年統治した。すなわち彼らの祖先はケルディクに遡ったのである。その後、ケオウルフの兄弟の息子キネギルスが王国を継承し、31年統治した。ウェセックス諸王の中で最初に洗礼を受けた王となった。

　キリスト教化後、キネギルスの息子ケンワルフが王国を継承し31年統治した。」

　これを機に、祖先がケルディクまで遡る人物 (whose ancestry goes back to Cerdic) ならば、直系でなくとも血統でなくとも王国を継承し、所有してよいことになった。以下のように続く。

「祖先はケルディクに遡るアスクウィネが継承し、2年統治した。」
「キネギルスの息子ケントウィネが継承し、7年統治した。」
「祖先はケルディクに遡るケアドワラが継承し、3年統治した。」
「祖先がケルディクに遡るイネがウェセックスのサクソン王国を継承し、37年統治した。」
「祖先がケルディクに遡るアゼルヘアルドが継承し、14年統治した。」
「祖先がケルディクに遡るクズレッドが継承し、17年統治した。」
「祖先がケルディクに遡るシゲブリフトが継承し、1年統治した。」
「祖先がケルディクに遡るキネウルフが継承し、31年統治した。」
「祖先がケルディクに遡るベオルフトリクが継承し、16年統治した。」
「祖先がケルディクに遡るエグバートが継承し、37年7カ月継承した。」
「エグバートの息子アゼルウルフが継承し、18年統治した。」（序文）

　しかし偽りの子孫が現れたり、統治権を得ようとして王家の当主を殺害したりといったことが絶えなかったので、アゼルウルフは王国継承権を親子関係（一親等の息子、娘）に限定した。また、祖先は征服者（人間）ではなく、北欧神話の主神ウォーデンまで遡ることのできる者に限定した。こ

のとき、アゼルウルフは、祖先がウォーデンに遡る次のような家系図を作成したものと考えられる。

アゼルウルフはエグバートの子——エアルフムンドの子——エアヴァの子——エオパの子——インギルドの子——インギルドはケンレッドの子——イネはケンレッドの子——クズブルフはケンレッドの子（女）——クェンブルグはケンレッドの子——ケオルワルドの子——クズウルフの子——クズウィネの子——ケルムの子——ケオウリンの子——キンリクの子——ケルディクの子——エレザの子——エズラの子——イエウィスの子——ウィグの子——フレアウィネの子——フリズガルの子——ブロンドの子——バルダイの子——ウォーデンの子

アゼルウルフには4人の息子がいた。長子アゼルバルド、その弟アゼルブルフト、アゼレッド、アルフレッドが順に継承した。このとき、アルフレッドは23歳であった。彼の祖先たちがウェールズ人からウェセックス王国を征服して以来、396年が経過していた。

4.3 七王国のキリスト教化

4.3.1 七王家のキリスト教徒化への道のり

550年、ケント王国のエセルバート王が国王として最初のキリスト教受洗者となったとされるが、記録はない。601年、教皇グレゴリウスは、自分が派遣したブリテン島の大司教アウグスティヌスに、肩掛と彼を補佐する多くの説教師を送った。また司教パウリスは、ノーサンブリアの王エドウィンをキリスト教に改宗させた。以下『アングロ・サクソン年代記』から抜粋する。

604年　エセックス：セバート王と国民、司教メリタスより受洗。

　　　　（ケント王国支配下）：セバート王と国民、司教メリタスより受洗。

616年　ケント：エアルバルド王、司教ローレンチウスより受洗。継母を
　　　　妻にしたため悔い改めて再受洗。ある晩、使徒ペテロがローレン
　　　　チウスを鞭打つ夢を見る。

626年　ウェセックス：王妹エアンフレッド、司教パウリヌスより受洗。
　　　　ヨークに木造教会を建立。

627年　ノーサンブリア：エドウィン王、司教パウリヌスより受洗。ケン
　　　　ト以外のイングランドの至る所を、自分の領土にした。

632年　イースト・アングリア：エオープワルド王、受洗。司教名は不明。

635年　ウェセックス：キンギルス王、司教ビリヌスより受洗。

　　　　ノーサンブリア：オズワルド王、司教ビリヌスより受洗。

636年　ウェセックス：前王クウィチェルム、司教ビリヌスより受洗。

639年　ウェセックス：王子クズレッド、司教ビリヌスより受洗。

643年　ウェセックス：ケンワルゥ王、ウィンチェスターに教会を建立。

645年　ウェセックス：ケンワルゥ王受洗、司教名は不明。ウィンチェス
　　　　ターに大寺院を建立。

　　　　ノーサンブリア：オズウェイ王、熱心なキリスト教徒。

655年　マーシア：ペアダ王と国民、司教シークスウルフより受洗。

656・657年　マーシア：ウルフェーレ（ペアダ王の弟）、熱心なキリスト
　　　　教徒、大聖堂建立。

664年　ブリテン島にペストが流行。

688年　ウェセックス：カドワラ王、ローマ（バチカン）へ行き教皇から
　　　　受洗。7日後死亡。

704年　マーシア：エセルレッド王（ペンダの息子）、ローマ・バチカンへ
　　　　行き、修道士になる。王位は息子コエンレッドが継承。

709年　マーシア：ケオルレッド王の父コエンレッド、ローマ（バチカン）
　　　　へ行き、そこで生涯を終えた。

728年　ウェセックス：イネ王、ローマ（バチカン）へ行き、そこで生涯
　　　　を終えた。

　結果として、635年までに七王国の国王全員が受洗し、各王は650年以
降、競って大聖堂を建立した。また同時に、彼ら自身や近親者がこぞって

自国内に修道院 (monastery, abbey, priory) や修道尼院 (nunnery) の創建
に努めた。アングロ・サクソン時代以前のローマ帝国による支配下では、
350 年コーンウォールにティンタゲル修道院がケルト人によって創建され
たのみであった。

　当時のアングロ・サクソン人のキリスト教徒化を促した社会的情勢とし
て、ローマ教会を中心にして系統化された位階制に基づく聖職者たちの規
律と社会的対応や、文学や芸術における知見を習得することによって、劣
弱であった国家体制をより近代化したいとする国王や重臣たちの改革願望
があった。

　また、664 年の全島におけるペストの流行は、人々に死後の世界観に基
づく天国と地獄を考えさせることになったのであろうと推察される。688
年以降は、国王が王位を息子に譲り、ローマ（バチカン）で生涯を送る例
が始まる。元国王たちが終の棲家としてローマに移住したのは、臨終に際
してローマ教皇から聖別を受け、死後に聖人に列せられることを願ったか
らである。

　アングロ・サクソン七王国の王たちをキリスト教入信に導いたのはロー
マ教会の司教たちであり、新約聖書で述べられている重要な事項は天国と
永遠の命についてである。アングロ・サクソン七王国の人々にとっては、旧
約聖書と新約聖書の天国と地獄の教えが、死後の安寧を求めた原典であっ
たに相違ない。次項では新旧聖書の天国と地獄の描写を紹介する。

4.3.2　新約および旧約聖書における天国と地獄の描写

　キリスト教徒にとっての天国と地獄の由来は、聖書であることは疑いな
いことであろう。新約聖書で述べられている重要な事柄は、天国と永遠の
命についてである [7]。イエス・キリストが神の右に座している天国は、死
せる人々が永遠の命を得て、共に住む所である。一方、旧約聖書には罪人
だった死者の魂が居住する陰府の世界、すなわち地獄に相当する記述が多
く存在する。以下では新約聖書および旧約聖書のどの箇所において、天国
あるいは地獄について述べられているかを列記する。

新約聖書における天国の記述

『マタイによる福音書』5章　山上の説教を始める

3　心の貧しい人々は幸いである。天の国はその人たちのものである。

10　義のために迫害された人々は幸いである。天の国はその人たちのもの
　　である。

19　だから、これらの最も小さな戒めを一つでも破り、そうするようにと
　　人に教える者は、天の国で最も小さな者と呼ばれる。しかし、これを
　　守り、また、そうするように教える者は、天の国で大いなる者と呼ば
　　れる。

20　言っておくが、あなたがたの義が律法学者やファリサイ派の人々の義に
　　まさっていなければ、あなたがたは決して天国に入ることができない。

22　……兄弟に馬鹿と言う者は、ゲヘナの火に投げ込まれる。

『マタイによる福音書』11章

23　カファルナウムよ、お前は天にまで上げられると思っているのか。陰
　　府にまで落とされるのだ。

『コリントの信徒への手紙一』15章

42〜55　死者の復活は天上で与えられ、朽ちることがない。

『コリント人への手紙二』4章

16　見えるものは一時的であり（生ける者はやがて死す、と解釈できる）、
　　見えないものは永遠に存続するからです（死して天に登った人々は永
　　遠に生きる、と解釈できる）。

『フィリピの信徒への手紙』1章

22　……私の切なる願いは、世を去って、キリストと共にいることであり、……

『ヨハネの黙示録』21章

1〜4　見よ、神の幕屋が人（永遠の命を得た死者のこと）と共にあり、神
　　が人と共に住み、人は神の民となる。

旧約聖書における天の神、陰府、悪霊、地獄に相当する記述

『出エジプト記』

20章22〜26　主はモーセに言われた。「イスラエルの人々にこう言いなさい、『あなたがたは、天から私があなたがたと語るのを見ていた。……』」

『申命記』

11章17　さもないと、主の怒りがあなたがたに向かって燃え上がり、主は天を閉ざされる。そのため雨は降らず、大地は実りをもたらさず、……

26章15　あなたの聖なる住まいである天から見下ろして……

32章22　私の怒りで火は燃え上がり、陰府の底にまで燃え広がり、地とその実りをなめ尽くし、山々の基（もとい）を焼き払う。

『ヨシュア記』

10章11　……主は天から大きな石を降らせた。……

『サムエル記』

上 16章14　主の霊はサウルを離れて、主からの悪い霊が彼をさいなむようになった。

下 22章6　陰府の縄が取り囲み、……

『歴代誌』

下 18章22　……主はこのあなたの預言者たちの口から偽りを言う霊を授けられました。

『ヨブ記』

1章6　ある日、神の子らが来て、主の前に立った。サタンもその中に来た。

14章13　どうか、わたしを陰府にかくまい、……

17章16　それは陰府に下り、私たちは皆、共に塵の上に横たわる。

24章19　日照りと暑さが雪解けの水を奪うように、陰府は罪を犯す者を奪い去る。

38章17　死の門があなたに姿を現したか。死の陰の門をあなたは見たこ

とがあるか。

『詩篇』

9章18　悪しき者、神を忘れたすべての国々は陰府に帰るがよい。

49章15　陰府に置かれた羊のように死が彼らの牧者となる。朝には正しい人がその者らを支配する。彼らの姿は消えうせ、陰府がその住まいとなる。

49章16　しかし神は私の魂を贖い、陰府の手から取り上げてくださる。

51章12　神よ、私のために清い心を造り、私の内に新しく確かな霊を授けてください。

116章3　死の綱が絡みつき、陰府の脅威が私に迫り、私は苦しみと嘆きに突き当たった。

『箴言』

1章12　陰府のように、生きたまま一呑みに、墓穴に落ちた者と全く同じようにしてやろう。

23章14　あなたが彼を杖で打てば、その魂は陰府から助け出される。

『イザヤ書』

14章9　地下では陰府が、お前が来るのを迎えようと、お前のことで騒ぎ立ち、……

14章15　しかしお前は陰府へと、その穴の底に落とされる。

33章14　シオンで罪人はおののき、恐怖が神を敬わない者を捕らえた。「我々のうち誰が焼き尽くす火の中にとどまり得ようか。我々のうち誰がとこしえに燃える炉の中にとどまり得ようか。」

『ハバクク書』

2章5　確かに富は人を欺く。高ぶる者は定まりがなく陰府のように喉を広げ、死のように飽くことを知らない。

4.3.3　七王国内における修道院創建

　七王国では、国王やその親族たちに続いて、重臣や、各地に所領を分配され居住していた家臣や豪族たちのキリスト教入信が続いたであろう。その結果、王国内各地に大聖堂および付属修道院が建立された。また、国王と近親者たち、さらには各地方の領主たちは、司教たちや修道士および修道尼の支援を得て、各地に修道院や修道尼院を創建した。現在、残存しているイングランド各地の記録を総合すると、ノルマン征服以前に創建された大小修道院や修道尼院の総数は250以上であった。各修道院の修道士および修道尼はベネディクト派が圧倒的に多い。これはカンタベリー修道院の修道士が同派所属であったことに由来したのであろう。また、国王の妻女や姉妹が積極的に修道尼院創建の役割を果たしており、アルフレッド大王および各王の創建した修道院も多かった。

　各地方の豪族たちは、己の死後に日々の祈りが行われることを望んで、資産や所領地の一部を寄進した。このため、各修道院は時と共に所有所領地が増大していった。これはある意味で、旧約聖書の「土地は祭壇に付く」という格言の中世イングランドにおける実際的形態とも考えられる。ただし、修道院自体が寄進された耕作地等を耕作するのではなく、修道院と寄進者が特別な契約を結んで、それらの管理維持は寄進者が行った。この契約が第6章で述べるプレカリア制度である。

4.4　アングロ・サクソン教会の担い手

4.4.1　カンタベリー大司教テオドルス

教会区制度創設

　ローマ教会によりカンタベリー大司教に任命されたテオドルス (Theodorus) は669年5月にカンタベリーに到着し、690年まで21年余の在位の間イギリス全島を旅行してまわり、生活の正しい規則と復活祭挙行の教会法による正しい基準を広めた。ベーダが「イギリス人が最も幸せな日々を送った」と称する時代が、テオドルスによってもたらされたのであ

る [8]。

　アングロ・サクソン人はその民族性から、ローマ人の遺した都市文明の建築や道路などを拒否し、人里離れた大きな「集落」に定住し、開放耕地という村落農業によって土地を耕した。そして、個人の私有財産である教会、領主の家臣である司祭という概念が、600年頃から1世紀あまり、至る所で見られた。教会は個人・組合・修道院・司教・国王など誰でも所有することができ [9]、不動産のように扱われ、売買したり、相続されたりした。小さな修道院の格が落ちて王国の役人あるいはセイン（thegn、集落の有力者）とその家族の屋敷になったりした。またその逆のケースもあった。

　テオドルスはブリテン全島をくまなく司教区 (episcopatum)に区分し、それをさらに細分化して教区教会と教区司祭とを置いた。この教会区制度創設の推進者は、司教とセイン層であった。セインが所有していた私的な教会を土地・建物ごと寄進し、これが教区教会の私的財産となったのである [10]。教区教会の財政上の基盤は、信徒の年収の10分の1税、または教区の土地の産出物の10分の1の教会への寄進である。聖職者は率先して寄進者となり、その4分の1は司教に、4分の1は司祭の生計に、4分の1は貧しい人々に、そして残りの4分の1は修理費等に分けられた。後にそれは教会管理者か10分の1税の管理者が受容するのが伝統になった [11]。

　また、テオドルスはブリテン島に告解の習慣をもたらした。アイルランドのケルト教会の私的告解 (private penitence)の慣わしは、類似した償いの査定表「贖罪規定書 (libri poenitentiales)」の作成をもって大陸に広まりつつあったが、テオドルスによってアングロ・サクソン・カトリック教会においても受け入れられた。テオドルスはローマから派遣されてきたが、ローマ教会方式の公的告解はとらなかった。また、ベーダ、ウェセックス王エグベルト、アルクイン（ドイツで活躍したアングロ・サクソン人の神学者・修道士）なども全て私的告解の弁護者であった。

　教区において、告解は教区司祭が執り行った。そして粗野な罪――酔っぱらい・姦淫・泥棒・殺人や、教会の規律への違反、異端に陥る堕落、道徳と結婚などに関する「罰」ないしは「制裁」の種類・程度を査定する場合の便覧として贖罪規定書が書かれ、通称「テオドルスの裁き」と呼ばれて広まった [12]。古いケルト教会の習慣を基本とした「テオドルスの裁き」

はどこにでも受け入れられた。それは次の言葉で始まることを見てもわかる。「もし誰か司教でも聖職者でも酔っぱらいならば、彼をやめさせるかまたは免職にすべきである。もし修道士が飲酒によって病気になったならば、彼に30日間の悔い改めをさせよ」。

　「テオドルスの裁き」の罪や制裁は重要な課題の順に並べられた。また、その多くは結婚の習慣に関するものであった [13]。テオドルスの深い学問、知恵と経験は、カンタベリー大司教の頭位（公的な場において使用した冠、現在でいえば帽子）と肩位（公的な場で着服する祭服）を国内の誰よりも上位に置いた。そして彼の開く会議では、特に悔い改めの分野についての論題がしばしば求められた。悔い改めは教会との間に和解を求める罪びとに科されるもので、後に償罪行為と称される。

カトリックとは何か

　7世紀頃までローマ教会には教父と呼称される教会著述家がおり、教説は教会公認であることを特徴とした。ローマ教会はこの教父たちの著作を古典としてローマの教会史として所有し、カトリック教会の正統と任じた。これに対しアングロ・サクソン・カトリック教会は、教皇グレゴリウス1世の神学やノーサンブリア人の同胞ベーダの『英国民の教会史』などを、アングロ・サクソン民族の教会史として所有した。彼らはベーダやグレゴリウス1世などを教会のすぐれた指導者として尊敬し、これらの神学者・指導者を通して自分たちの教会の由来を初代教会にまで遡らせ、カトリック教会の正統と任じたのである。

　ここでカトリックについて説明を付け加えておきたい。現在では「カトリック」はローマ・カトリック教会を指す場合が多い。これは略称として誤りではないものの、カトリック（普遍性）を自認・自称する教派は、歴史上ローマ教皇を首長とするローマ・カトリック教会だけではなかった。またカトリックとは教派名にとどまらない概念を指し示す普通名詞・形容詞であるため、文脈によっては注意が必要である。

　カトリックという語は、2世紀からキリスト教の著作家がイエス・キリストの教会を指す語として用い始めた。この語はキリスト信者の共同体に

ふさわしかったので、コンスタンチノープル公会議（381年）で制定された信仰基準において、「我は一にして、聖、公（カトリックの意）なる教会を信ず」と斉唱された。そして信仰告白を異にしても、全てのキリスト信者はイエス・キリストの教会がカトリックであることを認め、等しくそのことを表明しあって共存した。今日においてもこの意識は根本的に各宗派に流れている。

　しかし、ローマ・カトリック教会とアングロ・サクソン・カトリック教会には歴然とした違いが生じていた。各々自分たちの教会の由来を初代教会にまで辿るわけだが、ローマ・カトリック教会の場合、初代教会は新約聖書のキリストの弟子である十二使徒が宣教した時代、すなわち新約聖書時代にあった。そして代表的な教えは、「悔い改めなさい。そしてあなたがた一人一人が罪に赦しを得るために、イエス・キリストの名によって、バプテスマを受けなさい。」（『使徒行伝』2章38）にあるように、個々の魂の悔い改めである。一方、アングロ・サクソン・カトリック教会の場合、初代教会は旧約聖書の神の選民であるイスラエル民族の歴史と、救世主（キリスト）降誕以前に神の啓示が預言者によって述べられた時代にあった。

　726年、グレゴリウス2世の時代に、ローマ教会はローマ・カトリック教会となり、アングロ・サクソンに対してはカトリックを称することを禁じた。それを不当とする不屈の精神がヘンリー8世の宗教改革まで流れることになる[14]。アングリカン・チャーチ、チャーチ・オブ・イングランド（イングランド国教会）、ハイ・チャーチ、ハイ・アングリカニズム、アングロ・サクソシズム[14]は、いずれもアングロ・サクソン・カトリック教会の正統な後継者と任じている点で、ほぼ同義語であった。特にイングランド国教会はヘンリー8世がローマ・カトリック教会から離別の際に用いて以来、現英国民にとって特別の意味をもっている。

4.4.2　ベーダ

　キリスト教の修道士ベーダ（Beda、673?−735年）は、主著『英国民の教会史』を著した理由として序文に次のように述べている。「神が王にと選ばれたノーサンブリア国の王ケオウルフご自身の指針となり、さらに神

が支配を王に委ね給うた者たちのキリスト教徒化に資することを願ってのことであります。」

　同書第1巻第27章において、カンタベリー司教に就任したアウグスティヌスが、ローマにいる教皇グレゴリウス1世に書簡で質問している。「信仰は一つですのに教会の習慣は種々違っており、ある教会では聖ローマ教会のミサの習慣が持たれ、またある教会ではガリア教会のミサの習慣が持たれているのはなぜなのでしょうか。」

　「ガリア教会のミサの習慣が持たれている」とは、ヨーロッパ大陸においてゲルマン民族諸部族法を持つ蛮族らが独自の礼拝形式を執り行っていたことを意味し、ブリテン島においても同様であった。礼拝形式は、旧約聖書の詩篇の詠唱、『創世記』と『出エジプト記』の朗読、信仰告白等であったことが、記録の端々から伺える。律法の書の背後にある神の戒めを朗読するという方法は、非常に古い祭儀的な慣習であったに違いない。このように旧約聖書に重点を置いて説教が行われていた様子は、以下に示すベーダが指導書として遺した膨大な著述からも窺うことができる [15]。

『イサクの生誕及びイシマエルの追放までの創世記の冒頭について』4巻
『聖櫃、その容器、及び聖職者の祭衣について』3巻
『サムエル期の最初の部分、即ちサウルの死までの箇所について』3巻
『礼拝堂建築、諷論的形状の建築、その他の建築について』2巻
『列王記中、31の疑問点について』1巻
『ソロモンの箴言について』3巻
『賛美歌の歌について』7巻
『イザヤ、ダニエル、十二人の予言者、及びエレミア書の部分、祝福されたヒエロニムスの論文から抜粋した書の区分について』1巻
『エズラ記とネヘミヤ記について』3巻
『ハバクク書について』1巻
『祝福された教父トビアの書、即ちキリスト及び教会に関する諷論的解説の書』1巻
『モーセ五書（創世記、出エジプト記、レビ記、民数記、申命記）、ヨシュア記、士師記読解の書』1巻

『列王記及び歴代誌について』1巻
『祝福された教父ヨブの書について』1巻
『比喩、伝道書、及び賛美歌の歌について』1巻
『予言者イザヤ、またエズラとネヘミヤについて』1巻
『マルコの聖福音書について』4巻
『ルカの聖福音書について』6巻
『福音の説教』2巻

　ベーダはノーサンブリア人であったから、彼の著作には地方色偏在が垣間見られ、また旧約聖書の教えに偏重していた。彼はマーシアとウェセックスの布教についてはわずかに論及しているだけで、ボニフェスがウェセックスから大陸へ伝道したという有名な話を知っていながら著作には取り入れなかった。また、土着のブリトン人をローマ方式のキリスト教に改宗させることに熱心であったウェセックス人の詩人・聖職者であるアルドヘルムを、ローマ教会に肩入れし過ぎたとしてあまり称賛しなかった。アングロ・サクソンの7人の国王の中では、ウェセックスの国王ケアウリン（チェウリンとも呼ばれていた）が国王中の国王であるという評価を掲げている。
　またベーダは、ローマからやって来たアウグスティヌスの伝道物語について「ブリトン人の聖職者たちはアングロ・サクソン人の改宗に際してアウグスティヌスの支援を拒否したが、これはアングロ・サクソンのブリテン島侵略に際して、ケルト系聖職者のギルダスがブリトン人の教会に否定的評価をしたことに結びつく」と述べている。このことから、土着に教会に対するベーダの偏見的な見解が読み取れる。

4.4.3　アルフレッド大王

　アングロ・サクソンの国民は7－9世紀までの間にキリスト教徒化されている。国王に続き、国民全体がキリスト教徒になったのであろう。しかしアングロ・サクソン人はほとんどが文字を知らなかった。デーン人との戦いが繰り返された後、修道院や教会は荒廃し、テムズ川の南部にはラテン語の知識のある者や教会の機能を英語で理解できる司祭が一人もいなく

なった時期がある。

そこで、アルフレッド大王はラテン語で書かれた書物をアングロ・サクソン語に翻訳するという大偉業に取りかかった。後世に影響を与えたアルフレッド大王の翻訳書と著書その他を挙げておく。

・教皇グレゴリウス1世:『司牧者の心得』
司牧者や教師の養育・訓練用の書籍で、ラテン語でパストラリス、英語でシェパード・ブックという。中世の宗教会議では、この本の使用を課す場合があった。
・オロシウス:『異教徒を駁する歴史』
410年のゴート族、ゲルマン族、ノルウェー族、デーン族、アングル族のブリテン島侵入などの歴史を広く一般大衆に訴えた。
・ベーダ:『英国民の教会史』
教皇グレゴリウス1世によるブリタニア布教の歴史書。初代カンタベリー司教にアウグスティヌスを派遣したこと、ケント王、ノーサンブリア王のキリスト教改宗に始まるアングロ・サクソン教会史などが記されている。
・ボエティウス:『哲学の慰め』
中世でいちばん愛読された書物の一冊とされる。死を直前にしたボエティウスと「哲学」との対話形式をとる。ここで「哲学」はその弟子を励まし、戒め、静かに神の永遠の正義の想いを至らせる。
・教皇グレゴリウス1世:『対話集』
教皇グレゴリウス1世とその弟子で司祭のペテロとの対話形式になっており、聖人の生涯や奇跡を詳述している。中世にすこぶる人気があった。なにより中世の贖罪の原理に多大な影響を与え、告解や悔悛の秘跡にグレゴリウスの遺志が反映され続けた。
・『アングロ・サクソン年代記』[16]
・『アルフレッド大王法典』
・『アルフレッド大王の法令集』

これらの著述が、今日、全て永久に有意義な遺産であり続けている。これが、アルフレッド王が永久に大王と呼ばれている所以であろう。そして、

アルフレッド大王がウェセックス王家の系図に旧約聖書を取り入れたことによってアングロ・サクソン王国全体のキリスト教化が達成された。

図4.1　アルフレッド大王（ブリストル大聖堂のステンドグラス、Wikipediaより引用）

4.5　アングロ・サクソン教会による旧約聖書の解釈

　北欧系ゲルマン民族は、先住民の定住の地に侵入し、殺りく的暴力でもって土地を奪い、それだけでなく先住民を征服し、その上に安住した。ローマ・カトリック教会の教皇をはじめ聖職者たちは、彼らを「蛮族」と呼称し、凶暴な人種そのものを忌み嫌った。特に彼らがキリスト教徒化した場合、同じキリスト教徒として教義に反する行動の数々に非難と抗議の声が止まず、対立と抗争が絶えなかった。そこで、アングロ・サクソン・カトリック教会側にとって、北欧系ゲルマン民族による土地取得を正当化することが逼迫した問題になってきた。信仰上、土地取得に関して自己ないし

他者に対して弁明をし、一種の宗教的確証を与えねばならなくなったのである。

　キリスト教徒化したアングロ・サクソン人は、困窮した出来事に遭遇した場合、旧約聖書から類型的箇所を探し、信仰告白風に朗誦することが常であった。おそらくこの習慣はベーダの時代にもたらされたものと思われる。文字のない社会における旧約聖書の伝承法は、物語風に語って聴かせるか、絵に描いて示す以外に方法がなかった。今日、ヨーロッパの美術館を巡ると旧約聖書を題材にした名画や彫刻によく出会うのは、その名残であろう。

　旧約聖書の内容を簡略化すると「世界を創造した神はイスラエルの父祖たちを召して、彼らにカナンの地を与えると約束した。イスラエルがエジプトで数多い民となったとき、モーセは神の不思議な恵みの印によって民を解放し、長い荒野を放浪の後、約束の地カナンを与えた。」となる。そして『創世記』は、世界の創造ないしはアブラハムの召命から、ヨシュアによる土地取得に至るまでの叙述（詩）であるといえる。

　では、アングロ・サクソン・カトリック教会側は、チュートン民族の土地取得を正当化するために、旧約聖書のどの箇所を教えに用いたのだろうか？　方舟を出たノアとその子らがアララト山の頂で神から受けた祝福は、ノアの長子セムの流れをくむアブラハムによって引き継がれた。アブラハムは息子イサク、イサクの子ヤコブへと代を重ね、半ば放牧的移動生活を送り、先住農民の土地を侵略し、寄留民的生活を通して、定住地の獲得という願望を次第にかなえていった。これはゲルマン民族大移動における土地取得願望と移動生活に類型的に近いといえる。そこで、旧約聖書『創世記』12章から17章までを、ゲルマン民族大移動の移動期・寄留期・定着期を念頭に当てはめてみよう。聖書は日本聖書協会共同訳2018年版による。

移動期
『創世記』12章

1　主はアブラムに言われた。「あなたは生まれた地と親族、父の家を離れ　私が示す地に行きなさい。」

2　「私はあなたを大いなる国民とし、祝福し、あなたの名を大いなるもの

とする。あなたは祝福の基となる。」

　これは、「北欧系ゲルマン民族の子孫、アングロ・サクソン人の移動生活は、神が祝福をもって命じたものであって、勝手な行動ではない。神の命令に従って自立し独立するならば一族は繁栄し、名声を得ることになるであろう。」と解釈された。

『創世記』12章

5　アブラムは妻のサライと甥のロトを連れ、蓄えた財産とハランで加えた人々を伴い、カナンの地に向けて出発し、カナンの地に入った。

6　アブラムはその地を通って、シェケムという所、モレの樫の木まで来た。その頃、その地にはカナン人が住んでいた。

7　主はアブラムに現れて言われた、「私はあなたの子孫にこの地を与える。」アブラムは自分に現れた主のために、そこに祭壇を築いた。

8　それからベテルの東の山地へと移り、そこに天幕を張った。西にベテル、東にアイがあった。彼はそこに主のための祭壇を築き、主の名を呼んだ。

　上記は、「神が与えると約束したカナンの地に到着した。しかしそこにはカナンの先住民が住んでいた。アングロ・サクソン人は、略奪することも侵略することもせず、その地に神のために祭壇を築いた。神の所有地権を主張するためであろうか、後から来る移動民族と戦いを避けるためであろうか。とにかく争わず血を流さずにすむ方法ではある。次の移動地においてもアブラムは祭壇を築き、神を讃美した。神の所有地に手をださず、血を流さずにすんだ。」と解釈された。

寄留期
『創世記』13章

14　ロトが別れて行った後、主はアブラムに言われた。「さあ、あなたは自分が今いる所から北や南、東、西を見回してみなさい。

15　見渡すかぎりの地を、私はあなたとあなたの子孫に末永く与えよう。

16 私はあなたの子孫を地の塵のように多くする。もし人が地の塵を数え
ることができるなら、あなたの子孫もかぞえることができるだろう。」

17 「さあ、その地を自由に歩き廻ってみなさい。私はその地をあなたに
与えよう。」

　ブリテン島東南部に上陸したアングロ・サクソン人たちは、先住民のブリ
トン人を征服あるいは彼らの定住地から追い出し、西へ西へと征服地を拡
大し、ウェールズやコーンウォールにまで到達して定住するようになった。
こうして Angle-land すなわち England が生まれたのである。上記は、こ
の事実になぞらえられた。

定着期
『創世記』13章

18 アブラムは天幕を移し、ヘブロンにあるマムレの樫の木のそばに来て
住み、そこに主のために祭壇を築いた。

　上記に関しては、定着地では祭壇をまつるために、初めて教会を建てて
いるということが対応する。

『創世記』17章

3 アブラムがひれ伏する、神は語りかけた。

4 これがあなたと結ぶ私の契約である。あなたは多くの国民の父となる。

5 あなたの名はもはやアブラムとは呼ばれず、アブラハムがあなたの名と
なる。あなたを多くの国民の父とするからである。

8 私はあなたが身を寄せている地、カナンの全土を、あなたとあなたに
続く子孫にとこしえの所有地として与える。こうして私は彼らの神と
なる。

　ゲルハルト・フォン・ラートは、これを旧約聖書の土地取得伝承と定義
している [7]。これは、キリスト教化すれば（アブラハムのように）神から
土地取得という恩恵に預かることができる、と解釈することが可能である。

すなわち文字を知らない北欧系ゲルマン民族は土地を得んがためにキリスト教化したともいえよう。

参考文献

[1]　C. Kingsley，*The Roman and the Teuton*，Macmilan(1913).
　　　（復刻版）*The Roman and the Teuton Series of Lectures*，BIBLIO BAZAAR(2007).

[2]　M. J. Swanton，translated & edited，*The Anglo-Saxon Chronicle*，J. M. Dent & Sons Ltd(1996).

[3]　F. M. Stenton，*Anglo-Saxon England c. 550-1087*，The Oxford History of England，p.125，Oxford University Press(1971).
　　　The Sphere Illustrated History of Britain c55BC-1485，K. O. Morgan, ed.，Sphere(1985).
　　　佐藤彰一・早川良弥（編著），『西欧中世史［上］』，ミネルヴァ書房(1995).

[4]　Abbot M. A. C.，*St. Fursey of Burgh Castle and Peronne*，Burgh Castle Parish Church，pp.1-7(1971).

[5]　B. Colgrave and R. A. B. Mynors，ed.，*Bede's Ecclesiastical History of the English People*，Oxford Medieval Texts，Preface pp.41-2，Clarendon Press(1969).
　　　ベーダ，『イギリス教会史』，長友栄三郎（訳），創文社(1965).

[6]　田巻敦子・池上忠弘，アングロ・サクソン時代の教会区制度と教区司祭，『成城文芸』，160号，pp.30-35(1997).

[7]　ゲルハルト・フォン・ラート，『旧約聖書の様式史的研究』，荒井章三（訳），日本基督教団出版局(1969).

[8]　ベーダ，『イギリス教会史』，長友栄三郎（訳），p.264，創文社(1965).
　　　C. Plummer, ed.，*Venerabilis Baedae Opera Historica*，Oxford University Press(1956).

[9]　M. D. ノウルズ他，『中世キリスト教の成立』，キリスト教史 第3巻，上智大学中世思想研究所（編訳・監修），p.69，講談社(1981).
　　　（英語版原書）L. J. Rogier, R. Aubert, M. D. Knowles, ed.，*The Christian Centuries. A New History of the Catholic Church, vol. 2, The Middle Ages*，McGraw-Hill Book Company(1969).

[10]　J. Thirsk, ed.，*Land, Church, and People*，pp.39-44，British Agricultural History Society(1970).

[11]　J. C. Cox，The Parish Church of England，pp.2-38，Batsford Books (1954).

[12]　M. D. ノウルズ他，『中世キリスト教の成立』，キリスト教史 第3巻，上智大学中世思想研究所（編訳・監修），pp.244-5，講談社(1981).

[13]　J. R. H. Moorman，*A History of The Church in England*，pp.24-5，Morehouse Publishing(1976).

[14] G. M. Trevelyan, O. M., History of England, Longman(1973).

[15] ベーダ, 『イギリス教会史』, 長友栄三郎（訳）, pp.456-7, 創文社 (1965).

[16] 大沢一雄, 『アングロ・サクソン年代記研究』, ニューカレントインターナショナル (1991).

第5章

中世初期
アングロ・サクソン
村落共同体における
民族諸部族法

5.1　ギフトという言語

5.1.1　ギフトに関する歴史

　近年、ヨーロッパ全体でギフト (gift) に関する歴史編集が盛んになってきている。2011 年にはディヴィスとフォーエーカーの編集による "The Languages of Gift in the Early Middle Ages（中世初期における贈与の言語）" が出版された [1]。ギフトという言語が、どのような場面に登場し、使用され、どのような役割を果たしていたか、それぞれの分野における史料や文献やキリスト教の遺物・遺産等を解析した9論文が収められている。しかし、21 世紀の我々が「ギフト」という言語に接したときに抱くところの既に固定化された一般的概念——「贈与行為は社会的行動の活発な媒体である」といった儀礼的な要素に左右されたものが多い。中にはクリスマス・プレゼント交換を引き合いにギフトを説明している論文も見受けられた。中世ヨーロッパにおいて、ギフトの実体は何であったか、これを曖昧にしたまま論じられてきている。果たしてギフトとは指輪やハンカチといった些細なものなのか？　本章ではこれを明らかにしてみようと思う。

　日本のギフト研究に関しては、久保正幡の学説が定着している。以下、旧かな遣いの都合上、原文のまま引用する [2]。

　"ノルウェー古法には「如何なる贈與も、與えられたるものと同額だけ返り来らざれば、報いられず」という規定があり、またアイスランドには古い法諺として「報償は贈物と同じものでなければならぬ」のごときものが知られてゐるなど、北欧ゲルマン諸古法については受贈者の同額報償義務の存在を傳へる顕著な証拠が見出される。このやうな北欧ゲルマン諸法と全く軌を一にし、ランゴバルド法においても贈與の報償として受贈者の支払ふべきラウネギルド (Launegild) は、元来贈與物と同等價額の物なることを要するものとされた。ロタリー王告示第175章には、贈與者からラウネギルドを請求された場合、受贈者またはその相續人は「贈與物が與えられたる當日ありしと同様のものを贈與者に返却すべし」と規定されてゐるが、この規定は受贈者の同額報償義務を定める趣旨と解するのが正當なの

である。"

　久保はギフト交換の源がノルウェー古法、アイスランド古法諺、北欧ゲルマン諸古法、ランゴバルド法など北欧系ゲルマン民族の諸部族法に由来することやギフト交換の原則ラウネギルドを明示したが、しかし残念なことにギフトの実体については触れずじまいであった。日本におけるギフト研究が久保正幡以後滞り、たとえあったとしても勘違いや誤解が多く見受けられるのは、ひとえにギフトを取り巻く言語の問題に帰すると思われる。

　ギフト交換のルールと慣習はチュートン民族共通であり、同一ともいえるものである。しかし、部族ごとに異なる言語で語り継がれてきた。前述したディヴィスとフォーエーカー編集の『中世初期における贈与の言語』においても、それぞれガンツはローマ・キリスト教のテキストを [3]、ブルーベーカーは古イタリア村落の方言を [4]、フォーエーカーはフランク王国の文献を [5]、ウッドはベーダの『イギリス人の教会史』を [6]、モリスはアトスの修道院の慣習を [7]、ウィッカムはランゴバルド法（ラテン語）を [8]、ディヴィスはイベリア半島に残る古文書を用いて [9]、といった具合に多種多様な民族の言語と格闘している。このことから、ギフト交換について、源は同一の民族諸部族法にありながら同一の見解に達するとは限らないといえる。

5.1.2　視角の設定と対象の限定

　北欧系ゲルマン民族の諸部族法と慣習は、同一の原始原型に基づいて形成され、しばしば微細な点まで一致した。そして全て古代に起源を発している。これら民族諸部族法と慣習と制度を共有し、その類似性によって特徴づけられる北欧系ゲルマン民族を、キングスレイはチュートン民族と称している [10]。

　チュートン民族はゲルマン大部族の北欧型「舟乗り」支族であり、彼ら独自の明確な特質をもっていた。チュートン民族の移動に含まれるのは、フランク族の北部ガリア征服、サクソン族とアングル族によるブリテン島征服、ブルグント族によるブルゴーニュ征服、ヴァンダル族によるアフリ

カ征服、ランゴバルド族の北部イタリア侵入・征服およびゴート族、ギーツ族、ゲーテ族、ジュート族の征服地である。彼らは古くはスカンジナビア半島やユトランド半島に居住した古代ゲルマン民族の一派で、戦いの神ウォーデンを崇めていた。

　そのために、北欧系ゲルマン民族の法典は他の古代人の法的制度と共にもたらされた類似性によって引用されることが多い。しかし現代の研究者が北欧系ゲルマン民族の法典を研究しようとするとき、ほとんどの部分に対して動きがとれない。なぜならば、法典のいくつかは近代語に翻訳され、近代的な視覚で利用され、誤った解釈が一人歩きしているからである。このことは、21世紀の今日においても見ることができる。その典型的な例としてギフトという言語が挙げられよう。

　ギフトとは、特殊な発展形態をとった北欧系ゲルマン民族が占住した村落共同体において使用されていた部族法であったことがわかっている。したがってギフトそのものを孤立して取り扱わず、なるべく背景と関連させて問題を推し進めるようにしたい。そこでチュートン民族のうち、本稿では対象をアングロ・サクソン村落共同体に限定する。

　アングロ・サクソン征服について、簡単に概略を述べておこう。北欧系ゲルマン民族の移動の動機は、食糧事情にあったとされている。後世のデーン人同様、アングロ・サクソン人は残虐な精神を持つ海賊で、自分たちのものより高度の文明を破壊することを好んだ。彼らは先住民の土地を略奪し、先住民を奴隷にし、その土地に定着し、奴隷を使って土地を耕作した。

　アングロ・サクソン征服に関する学説によれば、大規模な破壊行為は、ある特定の地域に定住した小部族集団が行ったのではなく、統一した軍事指揮権のもとに構成された「軍勢」が、その移動中に行ったものであった。アルフレッド大王時代、デーン人が1人の指揮者に一時的に従属する混成の「軍勢」で、ブリテン島を繰り返し襲撃したことがわかっている。

　ローマ時代の都市やヴィラの破壊は徹底的に行われ、しかもほぼ全島に及んだ。最古のアングロ・サクソン人は都市に居住せず、海外に奴隷を売却する以外には商業的手腕をもたなかった。彼らは国内に地味肥沃な耕地を獲得して以来、次第に昔の船乗り生活習慣を喪失した。そして人里離れた小さな「村落」に定住し、そのまわりの土地を三圃農法制という北欧の

村落農業によって耕作した。

5.1.3 方法論としてトポグラフィカル研究手法

　ギフトという言語を生じたものは、特殊な発展形態をとった北欧系ゲルマン民族の占住後の村落共同体にあることについては前述した。村落共同体の構造、構成を知るには、贈与証書や認可状(charter)、遺言書といった史料だけでは不十分である。そこで本稿では方法論として、トポグラフィカル研究手法を用いることにした。

　ここ数年の英国イースト・アングリア地方史研究においては、歴史地図(historical atlas)の掘り起こしによる、地域ごとの実証研究が盛んに行われている。史料や史跡に対して歴史地図が作成され、その歴史地図から目立った事象や現象を読み取り、全体史を背景にその時代に何があったかを調べる。そして歴史的事実を把握する。これら全体の作業が、トポグラフィカル研究手法またはトポグラフィカル歴史分析と称される[11]。

　イースト・アングリア地方史研究のトポグラフィカル歴史分析には伝統があり、ブロムフィールドの "An Essay Toward a Topographical History of the County of Norfolk" 全11巻の、1740年頃に彼自身が執筆担当した最初の2巻に始まる[12]。その後、ノーフォークに関する地方史研究の成果を公にする機関として、ノーフォーク・ノーリッチ考古学協会（1846年創立）とノーフォーク史料協会（1930年創立）が設けられた。「歴史学、建築学、考古学の研究を奨励し、研究の達成に当たり個人および団体を援助し、あらゆる種類の記念物の保護を目的とし」、元来アマチュアの研究家が主体となり、次第に発展してきた。

　「アマチュアの研究家」について誤解のないように付け加えておこう。英国には生まれたときから大きな城館(Hall)に住み、荘園の管理だけを行い、職業に就く必要のない人が21世紀の今日でも存在するのである。館の図書室の古文書・蔵書は、市や大学の図書館も量と質の面でかなわない。アマチュアの研究家とはこうした人のことを称し、時にはサー(Sir)の称号が付いていたり貴族であったりするのである。素人、という意味ではない。

　イースト・アングリア地方にはブリックリン・ホール、フェルブリッグ・

ホール、ホーカム・ホール、オックスバラ・ホール、ソマーレイトン・ホールなど14の館がある。これらの当主の中に、先祖代々の家系図や荘園の測量地図や村落の見取り図などを公開し、研究を公表する人が現れた。こうした人々によってトポグラフィカル研究手法が生まれ、推進されたのである。本稿において用いた三圃農法制下の中世初期のウィッチャム村落図は、こうした館の何代目かの当主によって作成された可能性がある。

5.2　中世初期のアングロ・サクソン村落共同体

5.2.1　村落共同体の組織

チュートン民族は、諸部族法によって、村落共同体の構成、構造、法と慣習と制度、三圃農法制度、等価賠償(wergild)、等価報酬（ラウネギルド、launegild）の慣習法など細部にわたり規定されていた。法が先か共同体が先かについては逡巡するが、チュートン民族の諸部族法は伝承律法として移動以前から北欧に既存していたものである。

民族諸部族法は本来口伝による伝承律法であったが、キリスト教化に伴いローマ教会の干渉で文書化された。完全に近い形で文書化されているのはランゴバルド法であろう [13]。その後チュートン民族の諸部族法は、ランゴバルド法を見本に自国の事情に合わせて作成された。例えばアングロ・サクソン法はランゴバルド法の等価賠償に偏重したものになっている。したがって本稿では基本的にはランゴバルド法に依拠することにした。ランゴバルド法の特徴的様相は以下のようなものである。

1. 国家は全ての自由民の連合であり、武器を持つことがふさわしい。彼らの意思は一般に部族集会で表現される。
2. 家族の一員は、共同体の一員と同様に所有権でなく実際の財産に恵まれる権利を持つ（その代わり国を守る義務がある）。
3. 生来、移動の民のランゴバルド族はまた、西ゴート族の法とは異なり、法律の適応性を個人個人の概念として育成した。「ロータリィ王(Rothair)

勅令」（643年）は、個人に対するものであり、民族的基礎に基づいて応用された。また、個人が旅をする際にはその地の住民に従うという法的規則があり、そして法的裁定はその村落の戦士の集会に委ねられた。これは部族集会（moot（英語）、gairethinx（ラテン語））と呼ばれた。

4. 息子が武装できる年齢に達したら、父の保護を離れ別の家庭を持つことができた。女性は誰か男性の保護下もしくは支配下にあらねばならず、その人生は共同体に従属するけれども、遺産相続はできた。この点は他のフランク族の法などと大きく異なる。ただし、女性は共同体の許可なしにいかなる物も処分したり、誰かに贈与したりすることはできない。

村落共同体は任意性の側面と共有財産保護の側面を有した。全てのゲルマン人の国家と同様、無償で物品や権利を与えることや贈与はランゴバルド人には考えられず、それは「資産を減らす」ことと同じ行為とされた。等価報酬の慣習法は、たとえ象徴的であるにせよ等価報酬を目的とする贈与からなる。等価でなければ改めて要求や請求を行うことができた。

5.2.2 部族集会

アングロ・サクソン人はそれぞれの部族をタイセング(tything)に分割した。1つのタイセングは10〜20人の自由民の成人男子からなるグループであり、全ての男性はそれぞれいずれかのタイセングに所属しなければならなかった[14]。自由民の成年男子は定期（年1回）または緊急の部族集会に集合して裁判・宣戦等の重大事項を決定し、かつ部族の族長・王・戦時の指揮官を選挙した。なお族長は部族の下級単位たるタイセング（その占住地域は村落(village)と呼ばれた）の長「セイン(thegn)」であった。族長の合議制が部族を指導し、またその中から王を選ぶ部族も相当あった。このように古チュートン民族社会は一般自由民が政治・軍事上に発言権を有し、原始社会的な平等の原理が残っていた[14]。「平等と対等の原理」はチュートン民族を特徴づける民族性である。

族長はタイセング内の誰かを罰する際には部族集会に告発した。共同体の人間は、法を破る者を捕らえる族長を助けることが義務付けられていた。

族長が激しい非難の声をあげたときには誰もが犯罪者を追いかけ、犯罪者を裁判に連行しなければならなかった。武装した戦士たちは、衆議一決した時には投げ槍を振りかざして勝どきを上げたため、「戦士の集会」と称されたのである。

　その他部族集会で行われていたことを、ロータリィ王勅令から、引用しておこう。

戦士の集会(gairethinx)について

　契約が法的になされる際の手続き。その契約の手続き行為の前に「投げ槍戦士の儀式」が実施された。この手続きは何らかの公式的な証人の行為となった。

死後贈与の法令施行のための集会である。これは誰かを選んで財産を移譲させることであり、ローマ人の正価購買の方法で遺言状の形になっている。資産移譲が集会でなされた。また、この集会は農奴と奴隷解放に関することにも用いられた。これはローマの奴隷解放制に極めて類似している。両者の場合に確かなことは、集会は財産移譲についてのゲルマン様式である。

　a formal gift(＝gairethinx)と称された（ロータリィ王勅令167項）

thingareについて

　法的な契約の合意を、法廷もしくは証人の面前で決定すること。部族集会で決定される。

thinxについて

　契約が結ばれる際の法的な手続き、もしくは契約がなされることについての異議申し立てのどちらかである。gairethinxの略語。

　thinxは所有権の移譲の合意であって、一種の贈与である。（ロータリィ王勅令172項）

　贈与者が死の日に遺し、そのギフトを受けた者は、自分の権利として所有権を主張できる。彼はまた贈与者の借財を支払えば、抵当となっていた貸与の返却を求めることができる。（ロータリィ王勅令174項）

所有権の移譲の合意(transfer of ownership)、資産の譲渡の合意(alienation of property)

　もし誰かが建物を建てるために土地を購入し、5年間所有したとき、元の売り手がその売買に異議をとなえ、「一時的に資産の所有権を移譲しただけで、売却したのではない」と主張した場合、そのことを記述した契約書を作っておかねばならない。一方、買い手は、その資産を購入する際に金銭価値によって決められた誓約書を提供せねばならない。そうすれば購入して所有しているということに、何ら異議もなく認められる。(ロータリィ王勅令227項)

　もし誰かが他人の資産を不法に占拠していると告発されたとき、もし彼が5年間所有し、その告発を宣誓、決闘、論争いずれかによって否定できるならば所有が認められる。(ロータリィ王勅令228項)

　他人の資産を売却した者について。他人のproperty(男女の奴隷かあるいは土地)を売却し、それが発覚した者は8倍にして元に戻さなければならない。それを知らずに売却した者は、自分の所有物と信じて売却した、という趣旨の誓約書を提出しなければならない。そして関連した全ての物を本来の所有者に返却せねばならない。(ロータリィ王勅令229項)

　奴隷は、自分の主人のproperty(土地や男の奴隷やあるいは他の資産)を、主人の同意なしに売却もしくは(奴隷を)解放してはならない。奴隷から購入した者は、払った金額を失い、購入した物を正統な所有者に返却せねばならない。(ロータリィ王勅令233項)

　農奴(tenant slave)は、部族集会において自分自身のproperty——牡牛、雌牛、馬、もしくは小動物——を、主人の同意があれば誰かに与えたり受け取ったりすることができる。農奴は、所有する小屋の利益のためなら売却してもよい。(ロータリィ王勅令234項)

　農奴は主人の合意なしに土地を売却したり、奴隷を解放することはできない。(ロータリィ王勅令235項)

等価報酬の儀式について

　等価報酬(launegild)の儀式は、thinxの儀式から引き続き行われ、その日の内に決済された。

　もし個人が誰かに土地を与え、彼がお返しのギフト（＝等価報酬）を要求するが、もし授与者がお返しのギフトを用意したと宣言できないときは、ギフトを受けたその日の内に同額のギフト (ferquid) を返さねばならない。（ロータリィ王勅令175項）

　最初、別人に贈与しようとしたギフトについては誰も受け取ることができない。誰かに以前に贈与されたものを別人に贈与することは不法である。（ロータリィ王勅令174項）

　以上のロータリィ王勅令を参考にしつつ、実際のウィッチャム (Wichham) 村落図（図5.1）等から、村落共同体の構造・構成は図5.2のように図式化されることができる。三圃農法制については、次項で述べる。

図5.1　アングロ・サクソンの三圃農法（文献 [15] を加工）

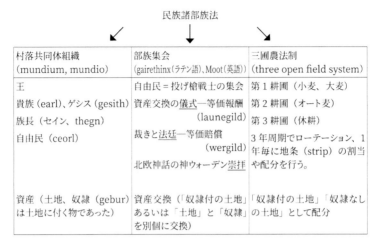

| 民族諸部族法 | | |
村落共同体組織 (mundium, mundio)	部族集会 (gairethinx(ラテン語)、Moot(英語))	三圃農法制 (three open field system)
王 貴族 (earl)、ゲシス (gesith) 族長 (セイン、thegn) 自由民 (ceorl)	自由民＝投げ槍戦士の集会 資産交換の儀式—等価報酬 (launegild) 裁きと法廷—等価賠償 (wergild) 北欧神話の神ウォーデン崇拝	第1耕圃（小麦、大麦） 第2耕圃（オート麦） 第3耕圃（休耕） 3年周期でローテーション、1年毎に地条 (strip) の割当や配分を行う。
資産（土地、奴隷 (gebur) は土地に付く物であった）	資産交換（「奴隷付の土地」 あるいは「土地」と「奴隷」 を別個に交換）	「奴隷付の土地」「奴隷なし」 の土地」として配分

図5.2　村落共同体の構造・構成

5.2.3　三圃農法制

　当時の耕作の基礎単位は地条(strip)と呼ばれる細長い土地で、その面積や縦横の長さは、土質や地形によって各地で多様に異なった。標準（通常）の大きさとされる1エーカーの地条は長さ220ヤード、幅22ヤードであるが、1エーカーに区切ることは極めて稀で、2分の1エーカーの地条が最も一般的であった。14世紀後半に書かれたラングランドの『農夫ピアズの幻想』には「半エーカーの土地の耕作」が出てくる。この広さは「約半日で種まきができる単位」として定着していたらしい。

　同じ方向に走るいくつかの地条をまとめた耕作地がファーロング(furlong)で、形も大きさも異なるファーロングの集合体が、耕作地の最大単位である耕圃(field)を構成した。そして、3耕圃を組み合わせることによって三圃農法制(three open field system)が成立した [16]。

　三圃農法制は、1年目には第1耕圃で大麦または小麦（食糧）、第2耕圃でオート麦（家畜の飼料、貧しい者にとっては食糧）、第3耕圃で休耕（家畜を放牧し、その排泄物が肥料になり、土地を回復させる手段）とし、3年毎にローテーションを組んで耕作する。それら耕作地・地条は1年毎に族長や自由民に割り当てられた。地方によっては収穫後の土地を相互に放牧

地として利用しあう開放耕地制 (open field farming system) とし、播種時期の差による収穫のばらつきを避けるため、耕作地をばらばらに配置する混合地制が併用されるものもあった。これには土地利用の複雑なコントロールが必要となり、領主権力増大に影響したといわれる。

　ウィッチャム村落の自由民、Wilgis、Cissa、Egbert、Oslac、Swaddy、Balday、Cutha、Ceawlin、Nebba、Rigg、Ella、Elfric、Ida、Wamba、Gurth、Robb、Cardic、Bede、Iff、Hogg（20名）は各農地におけるいくつかの細長い地条を所有もしくは賃借していて、それらが広く分散していた。村落は、彼らが分散して所有する細長い地条から容易に行ける中心地に置かれたが（図5.1参照）、次第に、広く分散している地条を1カ所に囲い込もうとする動きが出現し、離れた所にある地条と近くにある地条の交換を要望する者、また少量でも肥沃な土地とそうでない荒蕪地との交換を希望する者が現れた。各耕圃はおそらく数十エーカーの広さから始まり、10年ごと、世代ごとに周辺の森林や荒蕪地を開拓し、村落の領域や耕地が最大規模に達するまで広げられた。年に1回、またはその都度地条の分配・移譲が行われたものと思われる。

　三圃農法制は北欧系ゲルマン民族の子孫によって中世ヨーロッパ各地で行われ、700－1300年間の地条や開拓地の分割固有化や分割相続の記録が残っている[17]。中世の三圃農法制研究は活発であり、アングロ・サクソンに関してはステントンの研究が詳しい[18]。以下に三圃農法制の共有に関する説明を付記する。

・共同で耕作した[19]。
・土地を共同で開拓して共有。子孫もそれを共有した[20]。これは、土壌の肥え方が異なるにもかかわらず分割することの不平等を避けるためであった[21]。
・初めから個人所有を避けて共有にした[22]。イネ王法典にあるように、「共有の穀物を育成するために、共有の土地にした。」[18]

5.2.4 ギフト交換の実体

　ランゴバルド法の一つであるロータリィ王勅令中のギフト交換に関する
内容は、以下に示すように172～175項にある。

〔所有権の移譲について、これは一種のギフトである〕
ロータリィ王勅令172項
　所有権の移譲は一種の贈物 (donation) である。もし誰かが他人に自分の
所有物を移譲したいときには、彼はその法的契約の合意の儀式 (gairethinx)
を秘密に行ってはならず、必ず自由民たちの面前で行うこと。その場合、
贈与 (gisel) に関与する者及び立会いの証人自由民であり、将来において論
争が決して発生しないようにしなければならない。

〔法的に資産を誰かに移譲することを考えている者について〕
ロータリィ王勅令173項
　法的に何か所有物の所有権を誰かに移譲しようと考えている場合につい
て：死者の残した物件、即ち、誰かが死亡した日に相続する物件について：
彼の所有物を彼の子孫と偽って分配を受けてはならない。その際、分別を
わきまえて横領してはならない。そしてもし、困難が起きて自分の所有す
る奴隷付きの土地、もしくは奴隷付きでない土地を売却するかもしくは抵
当として提供しようとするためには、相続人たちに向かって次のように宣
告しなければならない。「さあ、わかってくれ。私は必要に迫られて、これ
らの沢山の資産を放棄せねばならない。もし、わかってくれたら、私を助
けてくれ。そしてこれらの資産を君たちの財産として保持してくれ」その
とき、もし相続関係者が援助することを望まない場合、それをしっかりと
承諾する者が必要である。

**〔最初、誰かに提供したギフト（所有権）は、別人に移譲することができ
ないことについて〕**
ロータリィ王勅令174項
　最初になされた所有権の移譲について。贈与しようとする者が、まず初

めに選んだ者に直接行った所有権の移譲に関して、それを繰り返して他の自由民に贈与してはならない。ただし、それには次のような条件がある。ある不埒な息子たちが彼らの両親に為した非道な行いが知られていて、そのことにより、この法典（ロータリィ王勅令169項）に書かれてあるように、彼らが親の財産を相続できないのと同様に、もし贈与を受けた者が、彼に贈与した人に対して非難されるような行為をしていないという条件の下で、上記の条項が成立する。

　贈与をしようとする者が死去した日に遺したものが何であれ、贈与を受けた者は権利として以下の事項を主張できる。すなわち、授与者は死去した贈与者の負債を清算せねばならない。授与者の支払いによって、贈与者は抵当にあった状態から元に戻れるであろう。

〔お返しのギフト（等価報酬）について〕
ロータリィ王勅令175項
　等価報酬 (launegild) について。もし誰かが自分の所有物を別の誰かに贈与し、その結果贈与者が等価報酬を要求した際に、授与者もしくはその相続人が、もしそのお返しとして同額の贈与 (ferquid) を用意できない場合は、贈与されたその日の内にそのことを宣言すれば許されるであろう。

　以上から、アングロ・サクソン村落共同体において、ギフト交換の実体は三圃農法制下における土地、具体的には地条の交換であったことがわかる。173項に「奴隷付きの土地」「奴隷付きでない土地」という表現が初めて出てくるが、なぜか奴隷には触れていない。「所有権」の移譲、「所有物」の移譲という表現は、奴隷の交換、また奴隷を金銭で取り引きしている実態を、ローマ教会に対しカモフラージュしているのではないだろうか。ギフトの実体は三圃農法制度下の土地でもあり、土地に付いている奴隷でもあったはずである。

　ローマ人と同様に、ブリトン人およびアングロ・サクソン人は沢山の奴隷を所有した [23]。奴隷は誰かの所有物 (property) であり、売買された。ブリテンでは、奴隷は古代英語でケース (caeth) とかセオゥ (theow) とかスラル (thrall) のように呼ばれていて、男、女、子供がいた。村落の住民の

大半は奴隷であったという。小屋または掘立小屋に住んでいて、一部屋に数人で居住した。彼らは主人の土地以外で働くことは許されなかったし、逃亡すれば死罪であった。

アングロ・サクソン王国の奴隷の大半は先住民ブリトン人で、ブリトン王国の奴隷の大半は侵入者サクソン人であった。戦闘で敗れた側の家族が奴隷となったのである。同時に、アングロ・サクソン人の地域の奴隷には別のアングロ・サクソン人もいたし、ブリトン人の地域には別のブリトン人の奴隷もいた。というのは、それぞれの王国間の争いに敗れた側が奴隷になったからである。

アングロ・サクソン語でブリトン人とは奴隷を意味した。また犯罪者や負債を抱えた人々も奴隷の身分に落とされた。一方で、当時、貧しい農民は自分たちの生計維持のためにわざわざ奴隷の身分になって生き延びようとし、そのためには自分の妻子すら売ろうとしたという [23]。

5.3　ローマ教会の奴隷解放対策

5.3.1　民族諸部族法の文書化

前節において、ギフト交換の実体は資産 (property) の移譲であり、資産の内訳は三圃農法制下における「土地」と土地に付く「奴隷」であることを明らかにした。

イングランドでは、6世紀末から7世紀にかけてローマ・カトリック・キリスト教の渡来と共に、教会を通じてローマ法が影響を与えた。ローマ法における土地法および土地所有方式が大きく作用を及ぼしたのである [24]。最も大きな変化はローマ教会が「慈悲の行い」として奴隷の解放を促したことにある。

ローマ教会は奴隷救済対策として一つの手段をとった。それは文書化されていない伝統と慣習事象すなわち民族諸部族法を文書化することである。民族諸部族法は本来、口伝による伝承律法であった。彼らは公の場すなわち部族集会でそれを朗読した。そして「口から発する言葉」と時にはそれ

を覚えなくてはならないという負担を持ちつつ記憶することによって、これらの存続を図った。これを文書化することは、北欧系ゲルマン民族古来の慣習を永続的に、かつインクと羊皮紙を用いて、固定した形態にするということである。

　教会法では、聖界に関する法であれ俗界に関する法であれ、ローマの言語（ラテン語）と、ローマ法をモデルにして作られた。そしてローマ教会は彼らの保護下にある者だけに、それを適用した [25]。ローマ教会は、チュートン民族の諸部族法を認めなかった。ブルゴーニュ法、ゴート法、あるいはランゴバルド法との同一性が認められたからである。チュートン民族諸部族法を含むランゴバルド法の本質的欠点は、自由民に対する処方と奴隷に対する処方が違うことである。全ての階層の人間に対して一つの法を用いるためには、聖界の支配が必要であった。たとえ一体化された法が奴隷に対するもので統一されたとしても、である。ローマ教会の聖職者の観点はそのようなものであった。

5.3.2　ロータリィ王勅令

　キングスレイは、チュートン民族を改宗させた聖職者たちが彼らに対して恒久的に敵対的であったことの理由として、民族諸部族法の存在を挙げている [23]。しかし決定的な要因は、両者の奴隷解放を巡る対立であったと思われる。ロータリィ王勅令から、奴隷に関する法を抜き出して列記した。全体の388条項のうち、奴隷に関する法は83項で、4分の1を占める [13]。それらは次のように大別できる。

(i) 奴隷の身体損傷の値段について：28〜142項
(ii) 奴隷の交換と贈与について：172〜175項
(ii) 奴隷の逃亡について：193〜222項
(iv) 奴隷解放について：156項、224〜261項
(v) 逃げ場としての聖域サンクチュアリについて：262〜276項
(vi) 奴隷の命の値段について：279〜376項

(i) 奴隷の身体損傷の値段について

28. 誰かが他人の奴隷もしくは半奴隷の通行の邪魔をした場合、彼は20ソリディを奴隷たちの主人に支払うこと。

33. 主人以外の庭に夜間侵入し発見されて、両手の拘束を拒んだ奴隷は死刑であり、彼の主人は賠償請求ができない。しかしその奴隷が降参したときは、彼の主人が40ソリディ支払うことにより解放される。

38. 国王が居合わせている地区で騒ぎをおこした奴隷は、6ソリディを国庫に支払わねばならない。もし、誰かに打撃を加えたときは、傷害損料支払いの他、1ソリディを国庫に納めること。

40. 国王が居合わせていない地区で騒ぎをおこした奴隷は、3ソリディを国庫に支払うこと。さらに誰かに怪我を負わせたときは、傷害損料支払いの他、6ソリディを国庫に納めること。

76. 農奴 (aldii) および house-hold slave について。これらの奴隷は各家で訓練され、躾られる。

77. 他人の農奴 (tenant slave) や house-hold slave 奴隷を殴打して怪我を負わせた者は、一打ちに1ソリディ、二打ちに2ソリディ支払うこと。

78. 他人の農奴や house-hold slave を打って、骨に損傷がない場合でも弁償として、一打につき2ソリディ支払うこと。また失業分を支払うこと。そして無料で医師に診察を受けさせること。

79. 上記に関連して、骨に損傷を負わせた場合、弁償として4ソリディ支払うこと。また失業分を支払うこと。そして医師に治療を受けさせること。

80. 他人の農奴や house-hold slave の顔を殴打したときは、弁償として2ソリディ支払うこと。

81. 他人の農奴や house-hold slave の目玉を刳り抜いた者は、その奴隷が殺害された場合の損害料 (wergild) の半分に匹敵する額を弁償すること。

82. 他人の農奴や house-hold slave の鼻を切断した者は、弁償として8ソリディを支払い、かつ失業分を支払うこと。そして医師に治療を受けさせること。

83. 他人の農奴や house-hold slave の耳を切断した者は、2ソリディを支払い、かつ失業分を支払うこと。そして医師に治療を受けさせること。

84. 他人の農奴やhouse-hold slaveの唇を切り、そのために歯がむき出しになるようにした者は、4ソリディを支払い、かつ失業分を支払うこと。そして医師に治療を受けさせること。

85. 他人の農奴やhouse-hold slaveの歯に打撃を与えた者は、歯1本に対し4ソリディ支払うこと。損傷を与えた歯の数だけ弁償すること。

87. 他人の農奴やhouse-hold slaveの腕を折った者は、6ソリディの弁償、失業分の支払いおよび医師に治療させること。

88. 他人の農奴やhouse-hold slaveの手を切断した者は、彼らの命の代金(wergild)の半分を支払うこと。

89. 他人の農奴やhouse-hold slaveの親指を切断した者は、8ソリディの弁償、失業分の支払いおよび医師に治療を受けさせること。

94. 他人の農奴やhouse-hold slaveの腰骨もしくは足の骨を折った者は、3ソリディの弁償、失業分の支払いおよび医師に治療を受けさせること。

95. 他人の農奴やhouse-hold slaveの足を切断した者は、弁償として彼らの命の代金の半分を支払うこと。

101. 他人の農奴やhouse-hold slaveの胸部を弓矢のような武器で打った者は、6ソリディの弁償、失業分の支払いおよび医師に治療を受けさせること。

102. 他人の農奴やhouse-hold slaveの腕や足に刺し傷を与えた者は、3ソリディの支払い、失業分の支払いおよび医師の治療を負担すること。

103. field slaveについて。他人のfield slaveに打撃を与え、その結果皮膚が損なわれた場合、一打撃ごとに1ソリディの支払い、失業分の支払いおよび医師の治療を負担すること。

104. 他人のfield slaveの顔を殴って怪我を負わせた者は、1ソリディを支払うこと。

105. 他人のfield slaveの目を刳り抜いた者は、そのfield slaveの命の代金(wergild)の半分を彼の主人に弁償として支払え。

106. 他人のfield slaveの鼻を切断した者は、弁償として4ソリディを支払い、失業分の支払いおよび医師に治療を受けさせること。

107. 他人のfield slaveの耳を切断した者は、弁償として2ソリディを支払い、失業分の支払いおよび医師に治療を受けさせること。

108. 他人の field slave の唇を裂き、歯がむき出しになるようなことをした者は、弁償として3ソリディを支払うこと。

109. 他人の field slave の歯を損ねた者は、弁償として、1本の歯ごとにソリディ、1本の臼歯には1ソリディを支払うこと。

110. 他人の field slave の腕や足に刺し傷を与えた者は、弁償として2ソリディ支払うこと。しかしながら、足を打ったが傷を負わなかった場合、1ソリディを支払い、失業分の支払いと医師の治療費を支払うこと。

111. 他人の field slave の胸部を打って怪我を負わせた者は、3ソリディを支払い、失業分の支払いと医師の治療費を支払うこと。

112. 他人の field slave の腕、腰や足を傷つけた者は、3ソリディを支払い、失業分の支払いと医師の治療費を支払うこと。もし、その打撃によって、その field slave が1年以上回復しないときは、その奴隷の命の代金の4分の1を支払うこと。

113. 他人の field slave の手を切断した者は、その農奴の命の代金の半分を主人に支払うこと。

114. 他人の field slave の親指を切断した者は、4ソリディを弁償として支払うこと。

119. 他人の field slave の足を切断した者は、弁償として命の代金の半分を支払わねばならない。

120. 他人の field slave の足の親指を切断した者は、弁償として2ソリディ支払うこと。

125. 他人の field slave を打ちたたいた者は、殴打が歴然としているときは一打毎に1/2ソリディ支払うこと。

126. 手足への傷害について。もし上記に述べたような打撃を半自由民、house-hold slave、field slave、女性半自由民や女奴隷に与えた場合も、上記と同様な弁償をせねばならない。

127. 上記のような打撃や傷害を、他人の半自由民や house-hold slave を別の主人の半自由民や house-hold slave が起こした場合。被害を受けた側の主人は、まず上記に述べたような補償額の半分を受け取る。そして1年後、もし被害を受けた奴隷たちが回復せず死亡した場合は残りの半分を受け取れるであろう。

129. 半自由民を殺害した者は、60ソリディを弁償として支払うこと。

130. 十分に訓練されていた他人のhouse-hold slaveを殺害した者は、50ソリディを支払うこと。

131. 十分に訓練されていなかった他人のhouse-hold slaveを殺害した者は、25ソリディを支払うこと。

132. 他人の農奴を殺害した者は、20ソリディを支払うこと。

133. 他人の奴隷や農夫を自宅で殺害した者は、20ソリディを弁償として支払うこと。

134. 他人の農奴配下のfield slaveを殺害した者は、16ソリディを弁償として支払うこと。

137. 他人の農奴もしくは奴隷の子供を誤って殺害した者は、裁判を受け、補償せねばならない。

142. もし、男女の奴隷が他人を毒殺しようとして果たせなかった場合、その奴隷の主人は相手の命の代金の半分を支払うこと。そしてその犯人は死刑とする。もし毒殺が遂行された場合は、その奴隷犯人の主人は殺害された人の命の代金を支払うこと。また、その奴隷は死刑である。

(ii) 奴隷の交換と贈与について

172. 所有権(奴隷)の移譲は一種の贈物(donation)である。もし誰かが他人に自分の所有物(奴隷)を移譲したいときには、彼はその法的契約の合意の儀式(gairethinx)を秘密に行なってはならず、必ず自由民たちの面前で行なうこと。

173. 法的に何か所有物(奴隷)の所有権を誰かに移譲しようと考えている場合について:死者の残した物件、即ち、誰かが死亡した日に相続する物件について:彼の所有物(奴隷)を彼の子孫と偽って分配を受けてはならない。その際、分別をわきまえて横領してはならない。そしてもし、困難が起きて自分の所有する奴隷付きの土地、もしくは奴隷付きでない土地を売却するかもしくは抵当として提供しようとするためには、相続人たちに向かって宣告しなければならない。

174. 最初になされた所有権(奴隷)の移譲について。贈与しようとする

者が、まず初めに選んだ者に直接行った所有権（奴隷）の移譲に関して、それを繰り返して他の自由民に贈与してはならない。

贈与をしようとする者が死去した日に遺したものが何であれ、贈与を受けた者は権利として以下の事項を主張できる。即ち、授与者は、死去した贈与者の負債を清算せねばならない。授与者の支払いによって、贈与者は抵当にあった状態から元に戻れるであろう。

175. 等価報酬(launegild)について。もし誰かが自分の所有物（奴隷）を別の誰かに贈与し、その贈与者が等価報酬を要求した際に、授与者もしくはその相続人が、もしそのお返しとして同額の贈与(ferquid)を用意できない場合は、贈与されたその日の内にそのことを宣言すれば許されるであろう。

(iii) 奴隷の逃亡について

193. もしある自由民の女性が他人の奴隷と国外に逃亡したとき、その奴隷の主人と女性の縁者は彼らを追跡できる。もし、その奴隷と女性が発見されたとき、二人は法によって罰せられる。しかし、奴隷の主人には咎がない。

207. 他人の女奴隷を強姦した者は、弁償として20ソリディ支払うこと。

208. 他人の農奴女性を誘拐し、どこか別人の庭園に連れ込んだとき、彼女の主人や関係者の追跡に対して、その庭園の主がそれを拒んだとき、40ソリディの内半分は国王に、残りは農奴女性の主人に支払わねばならない。

209. 上記の場合が女奴隷のとき、20ソリディが支払われる。

219. もし、農奴が自分の主人の女奴隷もしくは他家の女奴隷と結婚して子供が生まれたとき、その子供は母親の主人の奴隷となるであろう。

220. もしある男の女奴隷が他家の奴隷と結婚し、その後その夫が死亡したとき、その女奴隷は嫁いだよその家からなにも持ち出せない。ただし、持参していたものは持ち出せる。

221. 自由民の女性と結婚しようとする奴隷は死刑である。その奴隷と合意して結婚しようとした女性の縁者がその女性の死刑を求めるならば、

受け入れられるであろうし、あるいは国外追放もできる。もし、彼女の縁者がそのような対応を遅らせるときは、裁定により奴隷にさせられるであろう。

222.　自分の所有する女奴隷と結婚することはできる。そして彼女を自由民にするためには公式的手続き (gairethinx) が必要である。その後、彼女やその子供は自由民である。

(iv) 奴隷解放について

156.　他人の女奴隷に産ませた私生児は、買い取って奴隷の身分から解放することができる。もし、そうしないときは、そのまま女奴隷の主人の奴隷になるであろう。父親がその私生児を買い取って、法的な手続き (thinx) の後、資産を与えることもできる。

224.　奴隷解放について。

　(I) もし誰かが自分の所有する男女の奴隷を解放したいとき、それが彼にとって喜びとなるならば、そうする権利をもつことができる。そのためにはいくつかの公式的手続き (gairethinx) 等をへて、自由民になれるであろう。

　(II) 国王の命令によって、奴隷解放は同様な手続きの後で解放される。

　(III) もしその奴隷自身が完全な解放を望まない場合、いくつかの段階的身分に置かれることも可能である。

　(IV) 自分の奴隷の身分を一段階上げることはできる。

　このように奴隷解放は4種類に分類される。

233.　奴隷は主人の同意なしに、土地や奴隷 (bondsmen)、あるいはその他の資産を売ったり、手放したりしてはならない。奴隷から何かを購入し者は、購入代金は没収され、購入物は返還させられる。

234.　農奴 (tenant slave) について。主人の同意があれば、農奴は自分の所有する牛馬や小動物を売却できる。

235.　農奴は、自分の主人の同意なしに土地や奴隷を売却や放棄してはならない。

237.　もしある男の奴隷が境界標を破壊したとき、彼は40ソリディ支払わ

なければ死刑となる。

239．もしある奴隷が境界標の役割をしている樹木を切り倒したとき、彼は40ソリディ支払わなければ死刑となる。

241．もしある奴隷が主人の同意なしに、他人の森林の樹木に切り目を入れたとき、彼の手は切られるであろう。ただし、主人の命令でなされたときは、その責任は主人にある。

244．農奴もしくは奴隷が、役人の同意なしに城壁を超えて出入りしたとき、彼は国王に10ソリディ支払わねばならない。

248．男女の奴隷を抵当として受け取ってはならない。

254．窃盗を犯した奴隷は、その額が10セリクアエ以下の場合、9倍の額を返済し、加えて40ソリディ支払うかもしくは死罪となる。

261．他家の女奴隷を妻にもつある奴隷が窃盗を働き、それをその妻子が支援したとき、窃盗の全部を返却すれば彼の妻子は無罪である。

(v) 逃げ場としての聖域サンクチュアリについて

262．もし逃亡中の奴隷が、他人に何らかの財産を引き渡した後、真の所有者がそれを発見して取り戻そうとしたときに、その財産を保有する者は返還せねばならない。

267．国外へ逃亡しようとする奴隷を助けた渡船夫は20ソリディを国王の金庫に納めなければならない。

269．もし誰かの奴隷 (bondsman) が他人の所へ逃げようとするとき、平和裏に元の状態に戻るときでも、その主人は彼に罰を与えなければならない。そうしないときは、相手に20ソリディを支払うこと。

270．他人の奴隷が逃げ込んできたにも関わらず、返そうとしなかった者は、法的に返還させられ、加えて別の召使いの値段と同額を支払わねばならない。

271．もしある男の奴隷が国王の法廷から逃亡したとき、国王はその追跡を家臣に命じ、かつその捕捉が困難だったとき、奴隷主人は彼の価格を国王の国庫に支払うこと。もし彼が捕捉されたとき、彼は罰せられると同時に40ソリディを支払うことになる。

272.「逃げ場である聖域としての教会。」もし、ある男の奴隷が教会の中もしくは司祭の家の中に逃げ込み、その聖域の責任者である司教や司祭が復元の説得に三度失敗したときは、教会が彼の価格に加えて彼を返還させるよう、教会に命令する。もしその奴隷が罪を認めて元の主人のところに戻るとき、その主人は教会に40ソリディ支払うこと。これは厳密になされなければならない。

273.他人の庭園で自分の逃亡していた奴隷を捕捉しても批難されることはない。

274.もし、誰かが逃亡する奴隷を自分の家に九晩以上留め置いて主人に連絡しなかった場合、そしてもしその結果として、その奴隷が悪事をおかしたり、死亡したりあるいは逃亡したりしても連絡しなかった場合、逃亡者の価格を支払わねばならない。

275.他人の逃亡する奴隷を迎えた者は、ただちに文書もしくは信頼のおける人物を通して元の主人に伝えて引き取らせること。もし、そうしたくない場合、それによって生ずるあらゆる損料を支払わねばならない。

276.奴隷が逃亡中ということを知りながら、彼を逃がそうとする者は、奴隷の価値に相当する額を支払うこと。もし、逃がさずにもとの主人に連れ戻すときは、逃亡中の損料だけを支払うこと。

(vi) 奴隷の命の値段について

279.もし、奴隷の一群が悪事を働くことを目的として武装してある村落に侵入し、もしその頭が自由民と裁定されたときは、その自由民は死罪もしくは900ソリディを支払うこと。半分は国王に、残りの半分は被害者に。一群の奴隷の各々は40ソリディを国王と被害者に折半で支払うこと。

280.Field slaveの治安妨害について。ある主人が彼の奴隷居住家屋から奴隷もしくは動物を連れ出そうとしたときに、それを妨害しようとした中心人物は死罪、もしくは彼の命の代金(wergild)を支払うこと。その他の者たちはそれぞれ12ソリディの内、半分は国王に残りは被害を被った者に支払うこと。治安妨害をなした者が死亡してもそれは自己

責任である。

334.　身ごもっている女奴隷を手ひどく殴打し動けなくした者は、3ソリディ支払うこと。もしその打撃によって彼女が死亡したときは彼女とお腹の子供の代金を支払うこと。

370.　もし国王の奴隷が殺人を犯した時、死者の命の代金が死者の縁者に支払われ、その奴隷は死者の墓の上で絞首刑となる。

372.　もし、国王の奴隷が窃盗をなした場合、被害額の8倍を支払えば、罪が許されるであろう。

373.　もし、国王の奴隷が他人の庭園を荒らしたり、道路妨害をしたり、あるいは馬上の人を落としたり、あるいはその他、軽微な犯罪をした時、彼は一般の自由民の奴隷の場合と同一の損害賠償をすること。

376.　他人の農奴女性や女奴隷を魔女と想定してはならない。キリスト教の精神に基づけば、女性が男を食べるなんてことは、あり得ないからである。もし、そういう理由で農奴女性を殺害した者は、60ソリディを支払い、さらに国王とその農奴の主人にそれぞれ50ソリディを支払うこと。

5.3.3　ローマ教会による奴隷解放

　前項までを踏まえて、「所有権」と「所有物」の違いについて整理しておきたい。古代のチュートン民族は各家族単位で耕作する土地を保有していたが、最初は土地の所有権 (ownership) の発想がなかった。キリスト教徒化してからローマ帝国の仕組みを学び、土地の所有権が生ずるようになったのである [26]。その場合には、実際の「所有」ではなく、「保有」という言葉が適している。土地所有者ではなく、土地保有者 (land holder) である。

　中世初期には、土地の「所有権」に2つの考え方があった [24]。一つは、資産は個人もしくは組織された村落共同体によって法的に管理されるという考え方である。金銭目的でそれを譲渡することもできた。土地の占有権が移譲されたときには、その資産は新しい所有者の支配権 (dominium) の下に置かれ、必要とあればその土地を譲渡する権限をもった。これはローマ法と同じである。

　もう一つは、反対給付すなわちお返しのギフトを期待しての贈与(gift)という考え方である。等価報酬(launegild)の慣習は本来、民族諸部族法に関連しており[24]、資産のうち土地の「所有権」の交換、贈与が可能である。ただし、土地そのものは厳密には個人の「所有物」でない。

　さらに、奴隷について考えてみよう。ローマ教会は「慈悲の行い」として奴隷解放を促した。そのためにローマ教会が考えた救済方法は、「奴隷付きの土地」から奴隷を切り離すことであったと想定される。奴隷を所有物とすれば、所有権の移譲は可能であり、ギフト交換もできる。特に女奴隷は結婚すれば自由民にすることができた（ロータリィ王勅令220 − 222）。以上から、ギフト交換には奴隷解放や奴隷売買も含まれていたと結論付けてよいであろう。

　595年、教皇グレゴリウス１世はアングロ・サクソンへの伝道使節を送ることを決心した。その動機ははっきりしていないけれども、ベーダの著作『イギリス人の教会史』の中で次のように述べられている。教皇グレゴリウスは、ローマの奴隷市場でブリテン島から売られてきた金髪のアングロ・サクソン人の子供の奴隷を見て、ブリテン島の改宗を決心した、という。多分グレゴリウスはその奴隷たちに出自を尋ね、ブリテン島から売られてきたことを知ったのであろう。同年に、グレゴリウスは南ガリアの教皇領の管理人に手紙を送り、イギリス人の奴隷児童を買い取り、修道院で教育を受けさせるよう要求したことが記録に残されている[10]。本稿の執筆に当たり、ローマ教会のアングロ・サクソン人に対する伝道の動機を知り得たのは大きな収穫であった。

参考文献

[1]　W. Davies and P. Fouracre, ed., *The Languages of Gift in the Early Middle Ages*, Cambridge Univ. Press(2010).

[2]　久保正幡,『西洋法制史研究』, 岩波書店, p.228(1952).

[3]　D. Ganz, Giving to God in the Mass: the experience of the Offertory, *inThe Languages of Gift in the Early Middle Ages*, W. Davies and P. Fouracre, ed., pp.18-32, Cambridge Univ. Press(2010).

[4]   L. Brubaker, Gifts and prayers: the visualization of gift giving in Byzantium and the mosaics at Hagia Sophia, *ibid.*, pp.33-61.

[5]   P. Fouracre, The use of the term*beneficium*in Frankish sources: a society based on favours ?, *ibid.*, pp.62-88.

[6]   I. N. Wood, The gifts of Wearmouth and Jarrow, *ibid.*, pp.89-115.

[7]   R. Morris, Reciprocal gifts on Mount Athos in the tenth and eleventh centuries, *ibid*, pp.171-192.

[8]   C. Wickham, Compulsory gift exchange in Lombard Italy, 650-1150, *ibid.*, pp.193-216.

[9]   W. Davies, When gift is sale: reciprocities and commodities in tenth-century Christian Iberia,*ibid.* pp.217-237.

[10] C. Kingsley, *The Roman and the Teuton*, Macmilan, Cambridge and London(1913).
       (復刻版) *The Roman and the Teuton Series of Lectures*, BIBLIO BAZAAR(2007).

[11] C. Rawcliffe and R. Wilson, ed., *Medieval Norwich*, A&C Black(2004).

[12] F. Blomefield,*An Essay Towards a Topographical History of the County of Norfolk*(1740).

[13] *The Lombard law*, translated by K. F. Drew, University of Pennsylvania Press(1973).

[14] South Wales Police Museum, *History of Policing in Great Britain*.
       http://www.south-wales.police.uk

[15] C. W. Airne, *The Story of Saxon and Norman Britain told in pictures*, p.5, Thomas Hope and Sankey Hudson Ltd.(1930)

[16] J. Thirsk, The origin of the common fields, *Past and Present*, 33, pp.142-7(1966).

[17] C. S. Orwin and C. S. L. Orwin, *The Open Fields*, pp.1-196, Clarendon Press(1967).

[18] F. M. Stenton, *Anglo-Saxon England c. 550-1087*, The Oxford History of England, pp.279-285, Oxford University Press(1971).

[19] H. L. Gray, *English Field System*, pp.17-82, Harvard University press(1915).
       T. A. M. Bishop, *Economic History Review*, 6, pp.26-40(1935).

[20] D. McClosky, English Open Fields as Behavior Towards Risk, *Research in Economic History*, 1, pp.124-70(1976).

[21] J. M. Kemble, *The Saxons in England*, pp.88-121, Cambridge University Press(1849).

[22] D. Whitelock, ed., *English Historical Documents*, I, p.403, Routledge(1979).

[23] D. Pelteret, *Slavery in Early medieval England*, Studies in Anglo-Saxon History, VII, Rochester, Boydell & Brewer(1995).

[24] 田巻敦子・池上忠弘, アングロ・サクソン時代の教会制度と教区司祭, 『成城文芸』, 160号, pp.29-47(1997).

[25]　Gregorian mission，Wikipedia より。

[26]　G. T. Lapsley，The Origin of Property in Land，*American Historical Review*，8，pp.426-448(1903).

第**6**章

プレカリアの歴史的変遷

6.1　プレカリアの変遷

6.1.1　ローマ時代のプレカリア

　土地を求めて移動するゲルマン民族たちは、聖界側が所有もしくは寄進されていた土地を耕作するために、貸与地として請願をせねばならなかった。これを「俗人側のプレカリア(precariat)」という。一方、聖界側も土地を直接耕すことはできないから、俗人側に土地の耕作を委託せねばならなかった。これを「聖界側のプレカリア」という。すなわち、聖界側および俗人側のどちらも対等に相手を必要とした。

　プレカリア制度はローマ時代、中世西ヨーロッパ、フランク王国時代に見られ、各々の形態に違いがある。また、①俗人側から聖界へ所領の一部や土地を寄進する形態、②聖界側から俗人有力者へ恩恵的土地を貸与する形態、③聖界側と俗人側と対等な取り引きをする形態、が想定される。

　ローマ時代においてプレカリアが発祥したのは、国内の再統一を強力に遂行したディオクレティアヌス皇帝時代（285 − 305 年）の頃からであろう。以下、ローマのプレカリアとして略説するところは、中田薫氏の昭和13年来の研究の結晶であることをここに一言しておきたい[1]。

　ローマ時代のプレカリアは、土地所有者が借用希望者の懇願に対し、恩恵的意志に基づいて土地を付与する実際的行為であった。この制度は時代の流れに伴い内容が拡大化し、土地だけに限らず、動産または諸権利をも包括し始めた。その結果、請願者に対して種々の義務も負わせ始めたため、契約的性質を帯同することになった。特にローマ時代末期には、地主の任意回収権が次第に慣習法上の制限を受けた結果、その多くが無期限貸与ではなく有限期間貸与となった。

6.1.2　中世西ヨーロッパのプレカリア

　400年頃、中世初期のヨーロッパでキリスト教徒化した人々にとって、自己の魂の救済のために何をなすべきかということが、大きな課題であった。これに対する答えは、教父アウグスティヌス（354 − 430 年）によって体系化された。すなわち修道院や教会に対する寄進はただ現世のみなら

ず来世においても効験を示し、神の恩寵によって来世の功徳をもたらすと共に現世の罪障をも贖うという二重の効力を有するので、寄進は将来、施し主自身の魂を救済するのみならず、既に死亡した親族の魂にも救済を与えるものとされたのである。アウグスティヌスは「キリストは寄進によって反対給付（功徳・免罪）の債務を負担させられる」として、施し主とキリストとの関係を債権者対債務者の関係、すなわち対等であるとした。

　この考え方は、修道院や教会への寄進を勧めると同時に男子の利益の保護も忘れずに、天国における永遠の共同生活を豊かならしめると共に地上の家族的共同生活をも損なわず、両者の間に調和を求めるものであった。修道院および教会を富ますために家族を飢えさせては元も子もなくなってしまうからである。

　ローマ教会には、諸国の王や豊富な土地所有者による臨終の告解の際に、贖罪として多量の土地を寄進することが定着していた。このことから、プレカリア制度はローマ教会と豊富な土地寄進者の間で始まったものと考えられる。その頃、修道院の土地は代表者である司教や大修道院長の管理下に置かれたが、513年に教皇が「修道院の所有地は他に譲渡してはならない、ただ他人に終身間用益させるのみ」と宣言し、司教は原則として修道院領を処分する権限を持たなくなった。しかしながら一期間の用益を許可する権限は有したため、結果として修道院領内に種々の土地貸借法が発達した。

6.1.3　修道院法のプレカリア

　当初、修道院の所有地に行われた土地貸借は、次の4種に区別されていた [2]。

①プレカリアに基づく貸与
　修道士の扶養のために、その土地周辺の俗人に耕地として貸与した。修道士の扶養に限らず、特定の俗人、すなわち戦争によって修道院に避難した俗人の扶養のためにも、それがなされた。
②用益権留保付寄進に基づく貸与

　俗人が修道院に土地を寄進する方法として最も多かったのは、寄進者が自ら寄進地の上に終身間の用益権を留保する寄進であった。この種の寄進を受けた修道院は寄進と同時にその土地の所有権を取得するが、留保契約に応じて、これを寄進者に終身間貸与しなければならなかった。

③負担付土地寄進に基づく貸与

　寄進者が修道院に対し自己の寄進地以外の修道院領、または寄進地と他の修道院領とを併せて終身間用益することを条件として、自己の所有地を寄進する方法である。この種の寄進に基づいて修道院からの貸与を受けた者は、修道院に対してその所有権を承認する証しとして、名義上の借賃を支払わねばならなかった。

④純然たる賃借

　修道院に対し特定の賃借を支払うことを約束して所領を借耕する。

　これら4種の土地貸借法は、7世紀以降は全てプレカリアという名称の下に総合され、同一観念に基づく寄進形態とみなされた。ここに修道院法のプレカリアはローマのプレカリアとは以下の3点において異なる、全く別種の制度として発達することになったのである。

①ローマのプレカリアは単に事実上の関係であるのに対し、修道院のプレカリアは純然たる契約である。

②ローマのプレカリアは地主が任意に取り消すことも可能であったが、修道院のプレカリアは、貸借期間が有限であった。

③ローマのプレカリアは必ず無償であったが、修道院のプレカリアにあっては有償の場合も無償の場合も存在した。

　修道院法のプレカリアは契約であり、修道院側が土地を貸与するのは全て恩恵という概念に基づくと考えられた。請願者（借り手）が修道院に対してプレカリアという文書を提出し、これに対し修道院側がプレスタリア（praestaria、宛行状＝給付者が被給付者に与える文書）を交付して成立した。次の3種に区別できる。

①プレカリア・データ (precaria data)

　修道院の自由意志に基づくもの。

②プレカリア・オブラータ (precaria oblate)

　用益権を留保して土地を寄進した者に対してなすもの。

③プレカリア・レムネタトリア (precaria remunetatoria)

　修道院が負担付土地寄進を受けた結果として、寄進者に寄進地と他の修道院領とを併せ、プレカリアとして貸与するもの。

　このように、修道院におけるプレカリアには種々の形態が存在するが、その目的は借用者の借地を使用することにより収益を上げることにあった。

　また、教皇グレゴリウス1世（在位590 − 604年）のときに、司教座が一括して大司教座に置かれるという制度が設けられた。同時に、大修道院長を司教の支配・干渉から「免属」させるという教皇庁の慣習が出現している。この「免属」は、司教区の中に飛び地を作り、そこだけは修道院法のプレカリアが行使できるという形式がとられた。その飛び地の中で大修道院長は裁治権を行使し、司教の職位と権力に相当する機能を行使したのである。

　修道院がどのような権利をもっているかはっきりしない時代において、自己を保証してもらうためにローマ教皇の直接の保護下に入ることを望む修道院は多かった。

6.2　フランク王国時代のプレカリアと恩恵給付

　前節で述べた通り、ローマ時代末期に遂行されたプレカリアは、6世紀以降ガリア地方の修道院土地管理法として発達した。同地方の修道院はローマ全盛期時代から多大な領地を所有していたが、フランク王国となってからは、キリスト教への改宗と共に王室および大土地所有者からそれら修道院や大聖堂への寄進がなされ、7世紀末にはガリア地方の3分の1の土地が宗教界の所有になった。

　修道院におけるプレカリアは次第に一般化し、カロリング王朝に至っては、王室から臣下に対する土地給与法としても用いられた。731年、フランク王国はアラブ人との決戦において勝利するために、騎兵を急増させた。戦勝の代償は当然、土地の給付というプレカリアであったが、国王自身がそれまで沢山の土地を修道院に寄進していたため、王国内土地の大部分が修道院領となっていた。そこで国王はこれを侵害・収奪し、臣下に配分した。当然、修道院側と王家との間に争議が勃発したが、国王は国土を守るため、また修道院側は異教徒からキリスト教を守るため、双方は互譲的妥協をして解決せねばならなかった。

　その方策は修道院側の生計維持に必要な部分は返還され、その他はプレカリアとして国王臣下の武人が専有するが、年間特定の借地料を修道院側へ支払わせるというものであった。また、借地人が死亡すると修道院側が土地を回収する場合もあったが、国王がその土地を別人にプレカリアとして給付できる権限を保有することになった。国王より臣下に与えられた修道院領のプレカリアは国王から直接臣下に、もしくは王命の名の下に修道院から給付状が渡された。これらは修道院の自由意思に基づくものではないため、「王命によるプレカリア」といわれた。

　この制度はたちまち広がった。王室所有の土地もこの方法によって給与され、豪族や大官もまたこの方法を利用して、自己の所有地や国王からプレカリアとして受けた土地を自分の家臣に分給するようになった。9世紀に入ってからはこの種のプレカリアはベネフィシューム（beneficium、恩恵給付＝恩給）と称され、修道院におけるプレカリアと区別されるようになった。王命によるプレカリアにより修道院領の一部を給与された場合、修道院に対する借地料の支払いとして総収益の10分の2が課せられた。

　ベネフィシュームは必ずしも軍事目的のためにのみ適用されたのではなかったが、多くの場合、兵役勤務に服させる手段として家臣に対して給与された。ベネフィシューム給与方式は、家臣関係の設定行為であるコメンダチオ (commenndatio) の方式の中に包合され、ヨーロッパ中世の封建制の発達に寄与したのである。

　ベネフィシュームは被給与者が給与者に対して常に忠実なるべきことを条件として与えられるものである。国王より恩給を受けた者は、国王に対

する忠実義務に違反した場合、恩給地を喪失した。また、給与者と被給与者とが共に生存する間は恩給地を用益する権利を発生するが、両者のいずれか一方の死亡によって権利が消滅することを原則とした。そこで、給与者は父親が給与したベネフィシュームの継承を承認し、家臣の子は父親の受けた土地を再び恩給として受ける世襲性となった。

6.3　プレカリアによる修道院と地域社会繁栄の実例

　修道院のプレカリアにおいては、富裕者層は修道院に自ら寄進地の上に終身間の用益権を留保したまま寄進する。この種の寄進を受けた修道院はその土地の所有権を取得し、用益権留保付貸与地として寄進者に貸し与えた。修道院から用益権留保付寄進 (precarial donation) を受けた富裕者層は土地を耕作して収益を上げ、その一部を修道院に還流する。このように寄進や寄贈が相互の繁栄をもたらすことを「寄進経済」と呼ぶ。

　ローゼンワインの著書『聖ペテロの近傍にあって―クリュニーの資産の社会的意味、909 − 1049(To be the Neighbor of Saint Peter − The Social Meaning of Cluny's Property, 909 − 1049)』の中に、プレカリアに関する事象についての記述があり [3]、クリュニー修道院による用益権留保付寄進が、その地域の俗人の財産を増やすことに貢献したことが述べられている。

　959年、クリュニー大修道院長マイオルスからアプトの司教アーヌルフと彼の血縁のテオトベルタスに、生存中だけの資産 (life estate) として10の別々の邸宅付農地が与えられた [3]。その認可状 (charter) の中で、大修道院長マイオルスは「すべて、これらの土地は、私共の両親からの遺産として私と私の弟エリックに与えられた。我々、すなわちクリュニー大修道院長の私マイオルスと我が弟は、我々の魂、両親の魂そして全てのキリスト教徒の魂の救済が忠実になされるために、クリュニー修道院において、神と神の聖なる使徒ペテロとパウロに捧げられた。……（以下略）……」と

述べている。

　マイオルスがアーヌルフとテオトベルタスに与えた土地はそれ以前に聖
使徒ペテロとパウロに捧げられ、神の僕たちの財産という形になっていた。
この寄進の形態を献納 (dedication) という。ただし、このように財産が聖
使徒の所有に移されても、前所有者の主張や権利が取り戻せないような事
態にはならなかった。むしろ反対に、こういったことは聖使徒の魂を支え
るものと理解され、さらなる譲渡をも可能にする実態的な方法として認め
られた。

　しかし実際には、クリュニー修道院からのプレカリア型寄贈のほとんど
は、受領者の一族が以前に所属していた世襲地を返還したものであった。
近在の有力者から寄進されクリュニー修道院へ所有が移った土地が再び返
却され、修道院と富裕者層との間の結びつきをより強固にしたのである。
このようにして、クリュニー修道院が相手の生涯にわたって土地を提供し
たことについて46の文書があり、このうちの17には、修道士がその収益
の一部を受領する、と記載されている。

6.4　修道院寄進のさまざまな形態

　ここまで述べてきたように、修道院寄進にはいくつかの形態が混在して
いたことがわかっている。そしてその全ては何らかの形でゲルマン民族諸
部族法に関連していた。以下にまとめる。

①「水が燃え盛る火を消すように、施しの業は罪を償う」((『シラ書』(『集
　会の書』) 3章30)) に典拠する寄進
　「悔い改め」をするならば神から罪の赦しが与えられ、施しをするならば
　罪を償うことになるという伝統的なヘブライズムに基づく寄進形態。
②告解制度の下、悔い改めの儀式の後に贖宥 (indulgence) として科される
　寄進
　贖罪規定書によって法令化された寄進形態。

③天国の聖人に献納 (dedication) する寄進

領主が土地と資産を天国にいる聖母マリアをはじめ諸聖人に寄進し、神の僕たちの財産という形にするもの。いかなる世俗の君公も、伯も、司教も、そして教皇さえも、神の僕である聖人の財産を侵すことはできない。聖界・俗界の封建制の手中に陥ることを避ける機構として目論まれていた、という見方もある。

④用益権留保付寄進

領主が所得した土地を修道院に寄進する場合、自らその土地について用益権を留保し、修道院に寄進すると同時に修道院から用益権留保付寄進に基づく貸与地としてその土地の貸与を受ける、というゲルマン修道院法に由来する寄進形態。

⑤代理権付寄進

代理権 (persona) とは、在俗修道士である限り、土地の安全が保証される権利をいう。しばしば創健者は自分自身が在俗修道士になることによってまた息子や娘を修道士や修道女にし、一族の者を代理権の受取人にすることによって土地の継承を計った。領主が教区教会の土地 (glebe land) と諸権利（聖職録、10分の1税、司祭推挙権）を特定の修道士に寄進設定 (grants made) する。しかし代理権は手放さないので土地は継続して保有することが可能な寄進形態である。

以上のようにさまざまな寄進の形態があったものの、寄進の実態は「土地」であり、全ては俗人領主側の「土地の保全対策」に通じていたと考えると、教会・修道院と信徒との間にあるべきキリスト教の "caritas (慈愛)"、魂の救済、信仰心の高揚、といった宗教の本質が見当たらない。論点から欠落しているのである。また告解制度下において罪の償いとして土地の寄進が命じられたとすると、修道院と信徒の関係を、施す側と施される側、土地を奪う側と奪われる側、土地を寄進する側と寄進される側、罪を赦す側と赦される側、すなわち被害者と加害者、得をする者と損をする者という対立の構図でとらえてよいものだろうかという疑問が浮上する。

ノルマン征服以降のプレカリアに関しては、本章では論及せず後述する。

参考文献

[1]　中田薫，王朝時代の荘園に関する研究，『法制史論集第二巻　物権法』，岩波書店 (1938，再版1970)．

[2]　田巻敦子，中世修道院寄進にみるランゴバルド構造とその源流，『欧米の言語・社会・文化』，第17号，pp. 83-108(2011)．

[3]　B. H. Rosenwein, *To Be the Neighbor of Saint Peter*, Cornell Univ. Press(1989).

第7章

ノルマン征服前後の
イングランド

7.1　ノルマン征服

7.1.1　ノルマン征服下のアングロ・サクソン人社会

　1042年、サクソンの君主エドワード懺悔王が王位（在位1042－1066年）に就いた。エドワードは王位就任以前からノルマンディとの連携が深く、これがノルマン征服への道筋となった。1066年にエドワード懺悔王が死去すると、義兄でサクソン王家出身のハロルドが、王位を決定する権能をもっていた賢人会議によって王冠を受け取った。これに対し、ノルマンディ公ウィリアムはエドワード王との約定および姻戚関係からイングランドの王冠は自分が継承すべきと主張し、ヘイスティングスにおける征服戦争が勃発した。これをノルマン征服と称し、ウィリアムにはローマ教会から錦の御旗が授与された。

図7.1　ノルマンがヘイスティングス近くに上陸（バイユーのタペストリー）

図7.2　ノルマンとサクソンの激しい戦闘（バイユーのタペストリー）

図7.3　ノルマンの勝利とサクソンの敗北（バイユーのタペストリー）

　ヘイスティングスの戦い後、ノルマン人が海を渡って上陸してきたが、ウィリアムから授封された騎士の総数は5000人を超えることはなかった[1]。また外来人も25000人を超えなかったといわれる[2]。一方、戦いに敗れたアングロ・サクソン側の総人口はおよそ150万人であったとされている[3]。

　イングランドは一度に征圧されたわけではなく、ヘイスティングスの戦いの後も、各州で激しい抵抗による突発的な地域的反乱が繰り返された。これによりウィリアムは、反乱鎮圧のたびにアングロ・サクソンの領主から奪い取った土地を聖界・俗界の従臣たちに領地として分け与えることになった。王から土地を与えられた直属受封者(tenant-in-chief)は各地に分散している所領を全て管理することは不可能であるから、それらを彼らの従臣や騎士たちに「騎士封」として分与し、土地はこれら再受封者(under-tenant)[4]によって保持された[5]。その結果、個々の貴族たちが多くの地域において土地を保有し、所領が広範に分散し、チェスター伯の領地がノーフォーク州にあったり、ノーフォーク伯の領地がサセックス州にあったりというイングランド独特の形態となった。また、ノルマンディとその周辺地域の諸侯・騎士がイングランドに多大な所領を保有している様子が、1086年に作成された土地台帳であるドゥムズデイ・ブック(Domesday Book)によって詳細に知ることができる[6]。

　一方、聖界においてもノルマン人の司教や修道院長が大陸から呼び寄せられた。聖堂が建てられ、新しい修道院を設立するために修道士が次々に海峡を渡ったという。修道士たちはやがて修道院長となり、新たに付与された領地を所有するに至った。ウィリアムは、司教職と修道院長職、司教

座聖堂参事会からアングロ・サクソン人を追い出し、これに外来の聖職者がとって代わった。そして宗教的な建造物や非常に多くの地方の教会が彼らに引き渡された [7]。

　修道士たちは4世紀半にわたって海峡を渡り、アングロ・サクソン教会は外来の修道士たちに占められることになる。アングロ・サクソン民族はこの四世紀半を「ノルマンの軛（くびき）」と称し、不屈と忍耐の時代をかこつことになった。

7.1.2　ノルマン人の封建体制

　ノルマンディから持ち込まれた封建制度は、頂点に国王ウィリアム1世（在位1066 − 1087年）が、王の下に諸侯が、諸侯の下に各自の騎士があった。そして司教と修道院長もまた王から聖職叙任を受けて所領を与えられ、王の封建体制の中に組み込まれた。王、諸侯、司教、修道院長ら全てが土地所有者としての領主となり、各々の下にアングロ・サクソン人の農民たちが隷属したのである。農民はマナ（荘園）の区域から出ないように終身緊縛された農奴であった。これを図式化すると図7.4のようになる。ただし、領地が売却されたり寄贈されたりすると、農奴たちは領地と一緒に直属の領主を替えた。したがってこの図式は固定されたものではない。

　ウィリアム1世の統治下では、デーン税 (Danegeld) が非常に重要な財源とみなされ、このため土地資産に対する最初の大規模な調査が行われた。ドゥムズデイ・ブックは、元来デーン税の徴収方法を国家に指示する目的で作成されたのである。国王と封臣会議は、各州に税額を割り当て、それをさらに州の下部組織であるハンドレッド (hundred) に再配分した。州あるいはハンドレッドの役人たちは、各荘園の領主に対して税の徴収を行った。領主たちは各集落の人々から、または彼の保有農民からなしうる限りの手段をとって税をもぎとらなければならなかった。

　デーン税の他には10分の1税があった。これは、教区の教会に経済的収益の年収の10分の1を納付することを義務付けた課税で、教区司祭がその徴収と管理を担当した。このように、教区はデーン税と10分の1税を徴収するための行政単位として重要さを増してきたのである。

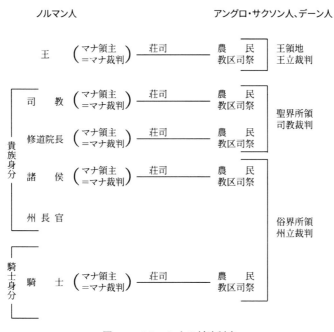

ノルマン人　　　　　　　　　　　　　　　アングロ・サクソン人、デーン人

図7.4　ノルマン人の封建制度

7.1.3　イングランド集落の階層

　ノルマン征服以前のイングランドの集落ではサクソン人のセイン、また
デーン・ローの地方ではデーン人の族長イヤールを中心に、農民たちが領
主の自家農場か直営地において慣習的労働を行っていた。そこにはイエネ
アート (geneats)、イエブール (geburs)、スロール (thrall)、サーフ (serf)
など多様な段階の隷属と半隷属の土地保有の形式が存在した。ノルマン征
服まで、それらは階層的に次の5段階となっていた。

1段階：自由民 (liberi homines)

　イエネアートは地方領主 (lord) に従う家臣であり、騎士として処遇され
ることもあった。ノルマン征服直前まではアングロ・サクソンの農民上層
を構成する自由身分の社会層であったが、ノルマン征服後は、騎士身分の

下層に融合するものと農民身分に吸収されるものとに分解された。諸侯が戦場に赴くときは、いつでも土地を授封されていた領主の旗に従わねばならない。これを託身 (commendation) の義務という。授封地は一般に40エーカー以上であり、そこに定住せずとも保有地を経営することができた。自由民には、直接耕作者ばかりでなく再受封者までが含まれ、再受封者の中にはアングロ・サクソンの旧領主であるセインが含まれた形跡がある [8]。

2段階：ソックマン (sochemanni)

　自由農民ともいう。ソックマン同士、相互の証言によって確認された登録小作人 (copyholder) である。土地を売ってはならず、領主を変えることもできない。配下に2、3名から数名に及ぶ小屋住農を従属させていた。

3段階：農奴 (villani)

　アングロ・サクソン社会のイエネアートより下位に位置する農民をイエブールという。彼らは一般に1ヤードランドの土地を経営し、領主に重い諸負担を負った。経済的な観点ではノルマン征服後の農奴がこれに類似する。

4段階：小屋住農 (bordani、cotarii)

　領主に人身的に隷属していたアングロ・サクソン社会のスロール (thrall)の階層であり、零細経営を有する場合が多く、賦役および臨時の労働負担を課せられた。ノルマン征服後、自由農民層の身分低下と分解過程で、大部分が小屋住農に吸収された。

5段階：奴隷 (servi)

　サーフ (serf) は、アングロ・サクソン社会の最下層を構成する隷属的階層属する。被征服民であるブリトン人の下層民がその多数を占め、また刑罰によって自由身分を奪われたブリトン人やサクソン人も含まれた。家内奴隷、戸外奴隷の形態をとっていたが、ノルマン征服後もそのまま奴隷となった [9]。

7.1.4 アングロ・サクソン集落の教区司祭

　イングランドの農村は大半を荘園が占めていた。ノルマン征服後はその4分の1以下を自由民の所領が占め、主にノルマン人が居住し、残り4分の3にアングロ・サクソンの農民たちが住んだものと推測される。アングロ・サクソン社会の農民階級は農奴身分に落とされ、教区司祭もまた同じ身分に落とされた。彼は農奴らと共に領主の荘園に住み、村人が持つ平均的地条の2倍とされる1ヴァーゲートか半ハイドか1ハイドの保有地を耕していた[10]。そしてしばしばその近くに教会の土地を持った。教区司祭は集落の農奴たちと同様の階層として扱われたが、特殊業務のため賦役は免除され、やがて教区の「頭の人物 (chief person)」という意味でparsonとして知られるようになった[11]。彼らは、ノルマンの領主たちによって集落から教区司祭が選ばれるときの予備軍として存在した。聖職者は独身制がとられたが、parsonは一般に妻帯した。被征服民族の司祭になったとき、彼らはそれを息子に継承し、息子は孫に継承するという世襲制をとることによって、アングロ・サクソン教会の伝統を守った。

　各地の混乱の中で、被征服民族であるアングロ・サクソン人の集落にいる教区司祭 (parson) が必要とされる事態が生じた。ドゥムズデイ・ブックの作成である。ドゥムズデイ・ブックは、ウィリアム1世の命に基づき、1085年よりほぼ1年をかけて作成された全国規模の土地台帳である。フランス語を話す領主や荘司、すなわち諸侯や司教・修道院長・騎士と、アングロ・サクソンの農民層との間に介在して両者を結びつけたのは、ラテン語が話せる教区司祭であった。それゆえにラテン語が公式文書の用語になったといわれる。

　ドゥムズデイ・ブックの作成に当たっては、各集落あるいは各集落の一部が封建制度の荘園として再編成されたのであるが、この作業に関してもラテン語の読み書きができる教区司祭が必要とされた。このとき、領主の荘園が教区の単位となり、教区の教会と司祭を含む一切の付属物は、所属する封建所領の封建制に取り込まれた。

7.2　キリスト教における悔い改め

7.2.1　告解と贖罪規定書

　中世西ヨーロッパ封建社会は、キリスト教の教会が社会における中心であり、権威と倫理の構造を構築していた。システムとしてそれを支えていたのは告解制度であったと考えられる。告解には公的告解 (public penitence) と私的告解 (private penitence) とがあるが、どちらも究極的には個々の人間の魂の救済を目的としており、手順も①自分の犯した罪を悔やむ痛悔 (contrition)、②その罪を残らず全て話す告白 (confession)、③神にそむいたことに対しての相応の償罪 (satisfaction) と、同じである [12]。違いは、公的告解は司教の法廷で公衆の面前で裁かれるのに対し、私的告解は教会内部の告解室で秘密裏に行われたことである。

　告解の場においては、贖罪規定書 (penitentials) が必要不可欠であった。これは、罪の告白を聴く資格をもった聖職者（聴罪司祭、confessor）がその罪を償う方法を定める際の手助けとして用いるために作成された文書で [13]、告解制度の研究史料として欠かすことはできない。なぜならば贖罪規定書を分析することによって、その時代の告解制度をとりまく歴史的背景が明らかになるからである。

　研究史を顧みると、以前は孤島アイルランドのコルンバヌス（615年）とカンタベリー大司教シオドア（690年）に遡る贖罪規定書研究のように、どちらかといえば私的告解の場を想定したものが主流であった。しかし近年、特に9－1世紀間の西ヨーロッパでの告解について、歴史家の間で見直されてきている。コジオル [14]、アルトホッフ (G. Althoff)、ヨン [15] の研究に加え、ハミルトン [16] の業績がこの時代における告解の歴史を再構築することになった。

　彼らの成果を踏まえたミーンズの論文は、10・11世紀における贖罪規定書の機能を再考察したものである [17]。ミーンズによると、贖罪規定書は、個々の聖職者のテキストとしてではなく、大聖堂のカレッジあるいは司教の法廷や教会会議など、より公式的な状況において用いられるべきテキストとなっていった。それゆえ贖罪規定書の機能も変化し、キリスト教徒に

彼らの罪を告白する機会を提供したり、彼らの罪を浄化したりすることより、司教管区内の聖職者の支配を強く主張することが目的となった。そのため、告解の実践からかけ離れた、情味のない指令的なテキストとなった。この法令的性格への移行は、聖界側の支配をより強固にしたものと考えられる。

コットジ (R. Kottji)、ヨンなどをはじめ、このような贖罪規定書の改革は主としてカロリング王朝期における影響によるものであると指摘する研究者が多い。クライダラーらのグループは、それがキリスト教徒と戦争行為という永遠の問題に帰着したことを指摘している [18]。

7.2.2 キリスト教徒と戦争行為

初期キリスト教徒のいくつかの著作——カルタゴの聖キュプリアヌス、アルノビウス、殉教者ユスティノスおよびその他——は、戦争に強く反対する立場を表明している。そしてヨーロッパにおける多くの場所において、初めの2世紀間、キリスト教徒は軍隊に入ることを避けた。しかし、教会とローマ帝国とが結びついたとき、すなわちキリスト教がローマの国家宗教となったときから、状況は次第に変化してきた。このことは、完全な平和は現世においては不可能であり、そしてそれゆえに戦争が行われる場所が必要である、というアウグスティヌス [19] の考え方に反映された。そしてまた正当な戦争について、教会の理念に対する基礎付けをしたのもアウグスティヌスである [20]。

カロリング王朝の始祖、カール大帝の生涯の大半は征服戦争で占められ、西ヨーロッパ世界の政治的統一を達成し、後に神聖ローマ帝国となる神聖政治の基礎を築いた。カール大帝はアウグスティヌスの著作を好み、『神の国』を何度も読ませたという [21]。しかし、教会は戦争行為を無批判に受け入れていたわけでなく、荒廃の制限を数世紀にわたって試みてきた。事実、9世紀には、戦争は従事した者は神聖ないくつかのことを汚すとみなした。そこで教会は悔い改めによる戦争参加者の純化を求めたのである。9世紀半ばに、カロリング王朝における教会改革会議で討論された結果、司教のカンブレーのハリトガーおよびフラバヌス・マウルによって新たな贖

罪規定書が作成された。このときから、教会会議の伝統に沿って贖罪規定書が作成されるという伝統が根付いたのである [22]。

　11世紀までの間、悔い改めは戦争で殺りくを犯した全ての兵士に求められた。そして歴史上2度、教会は国家間の戦争に参加した全ての者に一般的な悔い改めを科した。第1はソアッソンの戦いの後 [23]、そして第2は本稿がテーマとするヘイスティングスの戦いの後においてである。1070年5月、イングランドにおいて、ヘイスティングスの戦いに関与した者に対し、悔い改めの法令が布告された。本書ではこれを他と区別して「悔い改めの法令1070」と称することにする。これは、どのようなものであったのだろうか。またイングランドに侵攻したノルマン人たちは、どのように裁きを受けたのだろうか。以下、①同法令を巡る歴史的背景、②同法令の成り立ち、③その特徴、④同法令の施行、の順で述べることにする。

7.3　「悔い改めの法令1070」の研究背景

7.3.1　歴史的背景

　ここでは、「悔い改めの法令1070」を取り巻く歴史的背景を探ってみたい。カロリング王朝の神聖政治時代、フランク王国の国王たちは、キリスト教徒が武力を行使するために必要な以下の3要件を立て、征服戦争を合法化した。

①戦いの指揮者は、キリスト教のために聖なる戦いに参加すること。
②戦いの指揮者は、戦いに際し、神の祝福を意味する教皇の御旗を獲得すること。
③戦いの指揮者は、終了後、避け難い流血の惨事に関与した人間に対する神の赦しを求め、戦いの参加者全員に教会の悔い改めの懲罰 (penitential discipline) を科すこと。そのため、教会側に悔い改めの法令 (penitential ordinance) を用意するよう求めること。

　国王たちは、これを満たすために司教や大修道院長を任命・監督し、不都合があれば教会の組織を改革するよう教会会議を統轄した[24]。このカロリング王朝の神聖政治の体系はイングランドのアルフレッド大王（9世紀）からエドガー王（10世紀）へ、そしてクヌート王（デーン人の王、1061年即位）へと流れた。

　征服王ウィリアム1世もこの神聖政治の伝統を継承したため、イングランド侵攻に際してはキリスト教徒の合法的な戦争行為の3要件を満たすのに難航し、数年を費やしている[25]。ローマ教会側もまた、イングランド侵攻がキリスト教のために戦う聖戦であることを認証し、教皇の御旗を与えねばならなかった。その準備のため、シオン司教エルメンフリッド(Ermenfrid)を、教皇使節としてノルマンディ公国とイングランド間に派遣した。エルメンフリッドは1054年か1055年[26]、1059年、1062年、1070年の4回、両国間を往復している。

　征服前夜のイングランドにおいては、カンタベリー大司教ステッガンドが聖職の継承権についての政治的背景の理由で異議を唱え、それゆえ、レオ9世からアレクサンデル2世まで全ての改革的教皇によって破門されていた。エルメンフリッドの一連の訪問を受けたイングランドの教会は、1062年にステッガンドに反対するよう約束させられた[27]。このようにローマ教会は、ステッガンドを退位させイングランドを望ましいキリスト教国にするという大義名分の下、ウィリアムに錦の御旗を与えたのである。

　そしてノルマン征服から3年半後の1070年に、新国王ウィリアム1世は、自身で教皇アレクサンデル2世に教皇使節の派遣を要請した。ウィリアム1世はヘイスティングスの戦いの指揮者として、戦いの参加者全員に教会の悔い改めの懲罰を科さねばならなかった。そのための悔い改めの法令を教会側に求めたのである。教皇はただちに3人の教皇使節を派遣した。シオン司教エルメンフリッドと枢機卿司祭のピーターとジョンであり、彼らは各々別の場所から教会会議のために集合した。エルメンフリッドが教会会議を開催し、国王ウィリアム1世も同席した。そして教会会議の決議が即、悔い改めの法令として布告された。

　その教会会議の時期と場所については2説ある。カウドレイは詳細に調べた結果、1070年にウィンチェスター・イースター教会会議（4月8日）

とウィンザー・ホワイトマンディ教会会議（5月24日）が開かれていたことをつきとめた。そして、エルメンフリッドが2回の教会会議の間にイングランドを離れていたことから、「悔い改めの法令1070」が決議されたのはウィンザー教会会議であろうとした [28]。一方、ベイツによれば、1070年4月、ウィンチェスター教会会議が同使節らによって開催され、そこでウィリアム1世の特別な戴冠式が執り行われた、という [29]。またステントンによれば、同教会会議でステッガンドの退位が遂行されたという [30]。

　いずれにせよ、たった1日の教会会議で「悔い改めの法令1070」の長文を構成できるはずはない。2つの教会会議の前後に何らかの準備検討の期間を要したであろう。エルメンフリッドはウィンザー教会会議で教皇使節としての役目を終え、その直後にルーアン大司教に就任した。これらの経過から見て、「悔い改めの法令1070」が制定されたのはノルマンディに向けて離島する直前のエルメンフリッドによる、ウィンザー教会会議であったと考えられる。

7.3.2　テキスト

　「悔い改めの法令1070」は写本から書き移されたものしか残っていない。現在、我々が入手できるテキストは3種類ある。成立の順に記すと、以下の通りである。

①スペルマン (H. Spelman) のテキスト（ラテン語版）『ヘイスティングスの戦いの後で科される悔い改めの法令 (1070)』[31]
②ウィルキンソン (D. Wilkinsons) のテキスト『イングランドの侵略と征服に参加したノルマン人の諸々の罪に対し科される償罪 (1070)』[32]（後述のように、2人の研究者によって英語版に翻訳された）
③スペルマンのテキスト（英語版）『ヘイスティングスで戦った者に科される悔い改めの法令 (1070)』[33]

　最初にテキストが表されたのは17世紀のスペルマンの論文であった。スペルマンは、これをウースター教会に所在した古サクソン本から収取した

と言及している。ウースター教会の長老・オックスフォード大学クィーンズカレッジ学寮長ラングベイン（G. Langbaine、1609 – 1658年）が所持していたもので、征服王ウィリアム1世の時代に、ウルフィート（Wulfeat）という名前のサクソン人の手稿者によって、ウースターで書き写されたものであった。スペルマンのテキストは、その後ラッベとコッサート（P. Labbe and G. Cossart）によって書き写され、さらにそこからベッシン（G. Bessin）によって書き写された。カウドレイによれば、残念ながら元の写本は17世紀以降に損失されたという [34]。したがってスペルマンのテキストの写しより他に何も残されていないことになる。

　スペルマンのテキストは、丁寧な句読法で銘記されてあった。しかし、ウィルキンソンはこれを明らかに改訳してしまい、また立証されない推測をもって彼自身で校正したものを発表した。彼は、スペルマンのテキストにある長い冒頭部分「これはノルマン人の司教たちの規定に従ったものであり、教皇使節シオン司教エルメンフリッドによる最高の権能をもって権威付けられた贖罪規定書である。ノルマン人のウィリアム公の家来たち、以前に（戦いを）命じられた者たち、そしてまた騎士封として軍事的奉仕義務を負うていた者たちに科せられる。」を「武装することを命令された者や、またその人（ウィリアム）の命令なしに抹殺するための武器をもった者、およびその人（ウィリアム）に軍事奉仕義務を負うていた者 (suo iussu armavit, et qui absque iussu suo eran armati, et ex debit ei militoam debebant)」 [35] と校正した。

　20世紀に、ウィルキンソンのテキストを紹介したダグラスとグリーナウェイ [32] は、英訳に当たりこれをさらに「義務として軍事奉仕を彼（ウィリアム）に提供した者たち (who gave him military service as their duty)」のように縮小してしまった。ダグラスはウィルキンソンのテキストは不完全であると認めていながら、「命令 (iussu) によって」という語があるので上記のように訳した、と付記している [36]。そのきっかけになったのは、1952年に発表された『ポワティエのウィリアム (William of Poitiers)』の英訳である [37]。ノルマンディ公ウィリアムの主なる家臣たちは自分の手勢の軍隊を引き連れて参加し、ウィリアム軍の核を形成した。また他の地方、特にメーヌ、ブルターニュ、ピカルディ、ポワトー、その他に多分ブ

ルゴーニュ、アンジューおよび南部イタリアからも志願兵が公国に合流した。彼らのほとんどは単なる傭兵であった。すなわち、1066 年の大戦に際してノルマンディ公ウィリアムを支えたのは封建制度下に軍事的奉仕義務で召集された軍隊だけでなく、戦うためにかり出された傭兵・志願兵の軍隊でもあった。彼らの多くはその成功報酬である侵奪の見込みに心が動かされたのである。『ポワティエのウィリアム』では、ノルマンディ公ウィリアムが広く兵役を得るために彼らに成功報酬の約束をしたものとし、彼らに対しても同法令の布告と裁きがなされたことに言及している [38]。

　ダグラスは、ベッシンのテキスト（1717 年）とウィルキンソンのテキスト（1737 年）が印刷されたことを付記しているが、彼らがどちらのテキストから英訳したかについては記していない。ダグラスらは「悔い改めの法令 1070」はローマ教会の命令に基づいた償罪の設定と考えていた [39]。

　一方、バーロウはウィルキンソンの研究に基づいて分析しているが、彼は「悔い改めの法令 1070」を教会会議規定とは認識していない。ヘイスティングスの戦いにおいてノルマン人が犯した諸々の罪に対し、イングランドに滞在中のシオン司教エルメンフリッドが償罪を科した単なる裁きの判決であると考えた [40]。バーロウがウィンチェスター教会会議規定とみなすものの中に、「いかなる者も、国王あるいは自分が住む国に対して反逆者となるべきでない」とある。また「全ての司教は各教区におけるそうした反逆者を破門すべきである」「全ての司教は国王のために 3 回のミサを、他の品級の者は詩篇のうち 1 篇を唱えるべきである」「俗人たちは寄進を 7 回すべきであり、これら寄進はより貧しき者を支援すべきである」等の表現については、ウィンザー教会会議規定「悔い改めの法令 1070」の内容に類似していると述べている。バーロウは、1070 年 4 月にウィンチェスターで発布された 16 項の教令がその時点ではまだ不十分だったので、5 月のウィンザー教会会議に委ねられたのだろう [41] と解釈した。

　これら諸説に批判的立場をとったのが、本節の冒頭で言及したカウドレイである。彼はスペルマンのテキストの存在をつきとめ、ウィンザー教会会議規定「悔い改めの法令 1070」の冒頭文と 13 項目の全文を明らかにした。1066 年のノルマン征服に際して、征服王ウィリアム 1 世の直属封臣や再封臣らは多くの敵対者を殺りくし、征服後もイングランド国内で多くの

暴虐の限りをつくした、と伝えられている。教会側は、各地方の司教に命じてこれらの加害者の悔い改めと実施を迫った。カンタベリー大司教ランフランクの在位期間（1070 − 1089年）に、司教たちを集めた会議が開催され、その記録が6組の教会会議規定として残存している。これらのうち初期のものの中に「悔い改めの法令1070」があったものと推察される。なぜならばヘイスティングスの戦いの参加者に対する悔い改めが、あまり年数を経てから命じられたとは考え難いからである。

　この時代の大司教は、自らの指導下にある司教たちに対して教会会議によってのみ指示を与えたわけでなく、書簡による指示伝達も行った。命令を発したり疑問を解決したりする書簡が教皇教令(decretalia)となり、それらが各司教区の司教から司教へと書写されるうちに、混乱したいろいろな指示の寄せ集めも加わり、「偽の法令集」「偽の教皇教令集」と称されるものが横行した。1070年から1170年の間の100年が中世の偽造文書の黄金時代といわれる由縁である [42]。したがって、「悔い改めの法令1070」は、実際にそれを用いる司教が自分の司教区の実情に合わせて編集したり、校正や補足を行ったりしたことも十分にあり得る。司教区ごとに異なるものが存在した、と考えられなくもない。

　いずれにせよ原典は残存しないのであるから、スペルマンのテキストをウースター教会に伝わる「悔い改めの法令1070」と断った上で、本稿においてはこれを第2次史料として用いることにする。以上、テキストに関してまとめると、以下の通りである。

①スペルマンのテキストは贖罪規定書の形式になっており、教会会議規定がそのまま教会の法令として扱われた。
②スペルマンのテキストを校正したウィルキンソンのテキストはヘイスティングスの戦いのときのみを対象とし、単に償罪の命令として扱われることになった。
　なお、償罪の命令はある期間に限定されるのに対し、教会会議規定は法令として無期限に有効であったものと考えられる。

7.4 「悔い改めの法令1070」の特徴

7.4.1 「悔い改めの法令1070」の内容

　「悔い改めの法令1070」は、司教の法廷で用いられることを目的とした贖罪規定書の形式になっている。本項では、スペルマンのテキスト（ラテン語版）を用いて「悔い改めの法令1070」全13項の内容を分析してみたい。①ヘイスティングスの戦いのとき（1066年10月14日）、②大戦と国王の戴冠式との間の時期（同年10月14日以降同年12月25日まで）、③戴冠式以降の時期（同年12月25日以降、ある意味で無期限）の3期に分けて考える。

　1～8項では、ヘイスティングスの戦いを念頭において、実際に（相手に）死や傷害を負わせた者たち、また、戦おうとする意志に従って大戦に参加した全ての者に対して償罪(penance)が定められている。

・大戦で殺害した者は、その殺害した数に従い、1人につき1年の償罪の儀式を行わなければならない。（1項）
・それぞれの者が、たとえ、そこでどれだけの人数に傷を負わせ、それが死亡したかどうか知らなくても、あるいは、もしその数がわかるならばそれぞれ1人につき40日間の償罪をするか、あるいは断続的に償罪をし続けること。（2項）
・もし傷つけたり殺したりした数がわからない者は誰でも、彼の司教区の司教の裁量により、生涯にわたって毎週1日の償罪を行わねばならない。あるいは、もし、できるならば、教会を建設したりあるいは教会を寄進したりすることによって、永続的な施しとして彼の罪を贖うことができるであろう。（3項）
・さらにたとえ誰をも殺害しなかったとしても、殺害の意志をもった者は3日間の償罪をせねばならない。（4項）
・聖職者(clerks、monks)の誰であれ戦闘に参加した者、さらにまた喜んで戦闘のために武装して戦った者は、各々が出身国で同じ罪を犯したときに行うような償罪をせねばならない。なぜなら彼らは戒律に従い、殺り

くは赦されていないからである。修道参事会員 (canons) の償罪は、彼らの戒律と大修道院長によって決められた裁定に従うべきである。(5項)

・さらに多額の報酬のために、激戦に参加した者は誰であれ、彼自身が犯した殺害に対して審問を受け、償罪の義務がある。(6項)

・しかしながら戦闘に参加することおよび参加した者に対して、共感を表明した者は誰であれ、司教は彼らに3年間の償罪を科すことができる。(7項)

・弓矢で未確認の何人かを殺害したと思われる者、あるいは殺害しなくても傷を与えた者は、出身国で40日間の償罪に従うべきである。(8項)

9・10項は、ヘイスティングスの大戦と1066年のキリスト降臨祭（12月25日）の戴冠式までの期間に罪を犯した者に対して規定された。

・これまでの戦闘とは別に、国王の戴冠式以前に、食料を入手するために王国内をかけ巡り、反抗する敵を何人も殺害した者は誰であろうとも、その一人一人のために別々に1年間償罪をせねばならない。(9項)

・さらに食料が必要でないにもかかわらず、略奪が目的でかけ巡り、そして何人かを殺害した者は誰であれ、3年間の償罪をせねばならない。(10項)

11項は、国王の戴冠式後に罪を犯した者に対し規定された。

・さらに国王の戴冠式以降に、殺害の意志をもって他人の殺害を犯した者は誰であれ、前に述べたのと同様に償罪をせねばならない。しかし国王に反抗する者をこれまでに殺害もしくは打撃を与えた者は誰であれ、例外となる。(11項)

「悔い改めの法令1070」はまた、イングランドの軍事的占領に直接関係しない場合でも、大きな罪を犯した者に対して常時適用された。ノルマン人に限らず、先住のアングロ・サクソン人でも、下記の項目に抵触した場合は適用された。

・姦淫をした者と強淫をした者および放蕩をつくした人物については、その罪を犯した者が、ちょうど出身国で行うような償罪をせねばならない。（12項）

・教会およびそれに類する組織への侵害についても同様である。教会の所有物が何であれ、それを持ち出した者は、できる限りその持ち出した物を元のところに返還しなさい。もしそれができないならば、他所の教会に返しなさい。さらにそれを元に戻そうとしないときは、司教は、誰もそれを売らないように、また誰も買わないように命令しなさい。（13項）

7.4.2　「悔い改めの法令1070」における贖宥

　本項では、「悔い改めの法令1070」における贖宥について考えてみたい。贖宥（indulgence）とは、規定の償罪（penance）の日数を別な方法、例えば巡礼、施し、寄進、祈祷など特定の行為に代えることによって罪の赦しが得られるというもので、代替ともいう [43]。前項で述べた通り、「悔い改めの法令1070」第3項には「もし傷つけたり殺したりした数がわからない者は誰でも、彼の司教区の司教の裁量の下、生涯にわたって毎週一日の償罪を行わねばならない。あるいは、もし、できるならば、教会を建てたりあるいは教会を寄進したりすることによって、永続的な施しとして彼の罪を贖うことができるであろう。」と記されている。言い換えれば、教会を建てたり、教会を寄進したりすることは永続的な施しとみなされ、生涯にわたる償罪は、この施しをすることによって代替できるということである。

　これを、ソアッソンの戦い後の悔い改めの法令（924年）と比較してみよう。ソアッソンの戦いに参加した者は、その後継続する3回のレント（四旬節）において償罪をせねばならないとあった。最初のレントでは、彼ら（戦いの参加者）は破門されたままであり、全部で3回のレントとクリスマス前の15日間に、月曜、水曜と金曜日にはパンと水と塩だけを食する精進生活を行うか、適当な施しを行わなければならなかった。または、病気であったりさらなる実際の戦争で妨げとなったりしたときを除き、祭日でない年間全ての金曜日に同様の断食かそれに代わる代替として施しを行う。このいずれかを選ぶことができた [44]。いずれの悔い改めの法令も、贖宥

は施しによって代替できるとされているが、ソアッソンの戦いのときには施しとは「寄進 (alms giving)」であり、ヘイスティングスの戦いのときには施しとは「教会を建てたり、教会を寄進したりすること (vel ecclesiam faciendo vel ecclesiam largiendo)」であった。

贖宥は、その時代に聖界の指導層が俗界側に何を求めていたかを表している。10世紀には単なる寄進を求めていたが、11世紀になるとキリスト教の制覇と威光を示す教会堂、大聖堂、修道院など教会建造物の設置を求めたのである。したがって、デーン人の王クヌート [45] やノルマンディ公ウィリアム [46] など戦争の指揮者が、悔い改めに際し贖宥として修道院の創建を命じられることは既にあった。ノルマンディにおいては、1030年代から諸侯層による修道院創建が見られたが、法令の上に明記されたのはおそらく「悔い改めの法令1070」が最初であろう。聖界側には、「征服」後に台頭してきた諸侯層の経済力、侵奪で獲得した荘園や土地を吸収するねらいがあったものと思われる。

7.4.3 「悔い改めの法令1070」の施行

それでは「悔い改めの法令1070」がどのように施行されたかについて見てみたい。布告から2年後の1072年4月頃、「宗教裁判所ならびに世俗裁判所に関するウィリアム1世の令状」（司教の法、episcopal law）[47] が発せられた。布告から間もないことであり、何らかの関連が考えられる。この令状に関しては2種の複写が保存されており、一つはリンカーン大聖堂の古い記録集に、もう一つはロンドンのセント・ポール大聖堂の記録集にある。これは多数回にわたって模写された証拠があるという [48]。内容は以下の通りである。

「神の助けが与えられている、イギリス人の国王ウィリアムから、エセックス、ハートフォード州とミドルセックスに在住するラルフ・ベイナード、マンヌヴィルのジェフリーとバロネのピーター、および他の我が家臣一同へ。イングランドに在住する諸侯とすべての我が家臣に知らしめたいことは、立法府議会により、また国内の大司教、司教そして有力者すべての助

言により、『司教の法（episcopal law）』が修正されるべきであるということである。なぜなら、我の在位以前のイングランドにおいて、これらが適切に聖職者の命令によって運営されていなかったからである。それゆえ、我が支配する王室の権威により、我は次のことを命令する。すなわち、以後、司教もしくは副司教は、ハンドレッドの法廷において『司教の法』に関連した請願を受けてはならない。また、彼らは霊魂の支配に関するいかなる事柄も俗界の法廷に持ち込んではならない。

　しかし、犯罪についてのいかなる懇願についても、『司教の法』の下で召喚された者は、司教が選択し指名した場所に出頭せねばならない。そして、そこに召喚された者は、自分のことを弁護し、自分の犯罪に対して答弁しなければならない。彼らはハンドレッドの法廷の法に従うことを試みようとしてはならない。むしろ、彼らは聖職者と『司教の法』に従い、神と司教の裁定に委ねなければならない。さらに、高慢で思い上がった者の誰でもが、司教の法廷への出頭を拒絶するならば、彼らは3回召喚されねばならない。そしてもし、この後もまだ出頭しないならば、彼らは破門されなければならない。そして、国王と州司法長官の権力と裁定がこれを効果あるものとするために必要であるならば、その援護がなされるであろう。1回目の召喚の後、司教の法廷に出頭しない者は誰でも、『司教の法』に基づく適当な刑罰の報いを受けなければならない。

　我が権限によって我はまた、すべての州の司法長官、代官、国王の書記官およびすべての俗人が司教に付属する法について干渉することを禁ずる。あるいは、これらの場合、司教の裁定が下されるまで、俗人が他人を裁くことをしてはならない。司教の存在なくして、裁判がなされてはならない。あるいは、司教がこの裁判の目的のために指定した以外の場所で裁判がなされてはならない。」

　アングロ・サクソン時代には裁判は1つであったが、上記の通り、ウィリアム1世によって宗教裁判所（司教の法廷）と世俗裁判所（ハンドレッドの法廷）とに分離された。司教は1年に1回の告解にとどまらず、随意に誰をも司教の法廷に召喚できた。国王と州司法長官はその援護を行い、このとき俗界にありながら司教のために働く召喚吏の制度が設けられたもの

と思われる。

7.4.4 「悔い改めの法令1070」の問題点

　ウィリアム1世が「悔い改めの法令1070」の制定に関与していたことについては前述した。ここでは同法令の施行の問題を、征服後のイングランドにおけるウィリアム1世の政治権力構造の中に位置づけてみたい。

　ダグラスは、ドゥムズデイ・ブック（1086年）を分析し、以下の通り、イングランドの土地を多く取得した俗界封臣(lay tenure)を11名、俗界従臣（傭兵・志願兵の類）(secular followers)10名を挙げた [49]。ノルマン征服から20年を経ており、俗界封臣、俗界従臣とも半数は2代目か3代目である。つまり、彼らはヘイスティングスの戦いを経験していない。

●俗界封臣
　バイユー司教・ケント伯　オド
　モータン伯　ロバート
　ウィリアム・フィッツオズバーン
　ロジャー・ド・モンゴメリー
　ウィリアム・ド・ウォーレン
　アヴランシンの準伯リチャードの息子ヒュー
　ブローニュ伯　ユースティス
　赤毛のアラン伯
　ブリオンヌ伯　ギルバート
　クータンス司教　ジェフリー
　ベッシンのマンヌヴィル出身のジェフリー

●俗界従臣
　古王朝の末裔を名乗る者たちエヴルゥとユー
　カルバドス出身のロジャー・ビゴット
　ル・アーヴル近在出身のロバート・マレット
　ヒュー・ド・グランメシニィル

　　ロジャー・ド・ボウモンの息子たちロバートとヘンリー
　　ロングヴィル・スール・シー出身のウォルター・ジファード
　　モンフォール・スール・リスルのヒュー
　　ラルフ・ド・ト（ス）ニィ3代目

　ノルマン征服当初、イングランドにおけるノルマン人の土地は全て獲得
地であり [50]、それらの一部は侵奪と称される手段によって取得された。
前述したように、志願兵の多くは成功報酬である侵奪を目的としており、
ノルマンディ公ウィリアムが彼らの兵役を得る必要から成功報酬を約束し
た、という事情がある。
　封建制とは、伝統的解釈に従えば、託身(homage)・誠実宣誓(fealty)の
行為によって設定される封主－封臣間の人的支配関係と、封主の封臣への
封（土地）の授与によって設定される物権的関係が、相互に因果的に結合さ
れることによって成立した一つの統一的制度と定義される [51]。俗界封臣
とウィリアム1世との間に託身・誠実宣誓の行為があったことは疑えない。
これに対し俗界従臣は、封建的主従関係のないままに出陣し、大戦後は成
功報酬としてイングランド各地で侵略と略奪を行っていた。それはドゥム
ズデイ検地まで、2代目または3代目によって引き継がれた。すなわち、イ
ングランドにはウィリアム1世との間に「封主－封臣の人的支配関係にな
い者」が存在し、多大な領地を獲得しつつあった、ということである。
　ウィリアム1世はこれにどのように対処したのであろうか。「征服」直後、
政治権力構造の再編成の中で、ウィリアム1世はノルマンディにおいて成
功したものと同じ国制組織を考えた。それは封建制と聖界・俗界の全ての
行政権を自らの手中に集中することである。すなわち、封建制機構の中に
聖界封臣（大修道院長個人、司教区司教個人、その他高位聖職者）、俗界封
臣（諸侯、騎士）を組み込むことであった。
　また、ウィリアム1世は全土を司教区制に区分し司教座聖堂を設置して
そこに司教区司教を配置し、司教に本来の使命に加えて行政機能と司法権
を持たせることを構想した。また俗界の諸侯と騎士には教区教会を建設さ
せ、その教区教会所属地(glebe land)を含めて、司教区へ寄進させること
を考えた。「悔い改めの法令1070」においてノルマン系諸侯・騎士たちに

「教会を建設したり教会を寄進したりすることによって」罪を贖うことを命じた背景には、こうした国王側の意図があった。

　バーロウの見解では、これらの構想はノルマン征服以前にローマ教皇によって始められていたという [52]。ノルマン征服前の1062年、イングランドへ教皇の使節シオン司教エルメンフリッドが派遣されたことは7.3.1項でも述べたが、教皇使節の活躍は多岐にわたっていたのである [53]。ノルマン征服後の1070年にエルメンフリッドが来島したとき、改革の機運が再び活性化した。かつてノルマンディでは、衰退していたカロリング王朝時代の教会が「悔い改めたヴァイキングたち（デーン人）」によって再建されたことがあり、改革の機運の背景はそれに似ていた [54]。

　7.4.3項で述べたように、ウィリアム1世は1072年に国王令状「司教の法 (episcopal law)」を発布し、このとき初めて宗教裁判所（spiritual court、司教の法廷）と世俗裁判所（temporal court、ハンドレッドの法廷）を分離し、司教は司教の法廷を開廷して宗教上の問題を扱うことになった。とはいえ、教会の司法権は宗教上の問題のみならず人間生活の広範な領域にわたり、結婚や遺言、また罪の告解や異端に関する裁判なども含んでいた。ウィリアム1世は俗界従臣を封建制機構の中に組み込むのに、ローマ教会が千年の歴史の中で培ってきた裁きの機能、私的告解と公的告解の慣習、悔い改めと贖宥の神学など教会の法に委ねたのである。

7.5　おわりに

　以上、ノルマン征服とその後発令された「悔い改めの法令1070」について諸々明らかにした結果、同法令は教会の法でありながら、国王ウィリアム1世側にも主導権があったということがわかった。ヘイスティングスの戦い後、ウィリアム1世は戦いの指揮者として、戦いに参加した者全員に、教会の悔い改めの懲罰を科さねばならなかった。しかしこのことは教会の法の力を借りて無法状態にあるノルマン人を取り締まることにもなり、海峡を挟んで2国を統治する国王にとって幸いした。

　　イングランド各地で侵奪を繰り返していたのは俗界従臣たちだけではなかった。ノルマン征服直後からウィリアム1世の異父弟バイユー司教オドをはじめとするノルマン系諸侯たちが、古い歴史を持つ修道院など聖界所領を激しく侵奪した。この侵奪行為に対して、1070年にカンタベリー大司教座に就いたランフランクは、侵奪所領の回復と教会の諸特権の明確化のために、法廷闘争を開始した [55]。こうして教会側と国王側との利害が一致し、「悔い改めの法令1070」制定に至ったのである。

　　同法令には双方の利益が盛り込まれた。極端な例として同法令11項には、次のようにあった。「国王の戴冠式以降に他人を殺害した者は誰であれ償罪をせねばならない。しかし国王に反抗する者を殺害した場合は例外として罪を問わない」というものである。また9項から12項までは、明らかに俗界の治安維持を図ったものである。無法者らは「司教の法」(1072年) でもって召喚され、司教の法廷において悔い改めの儀式の手順で裁かれた。そして、司教の法廷で贖罪規定書の役割を果たしたのが「悔い改めの法令1070」であったと考えられる。

参考文献および註

[1]　F. M. Stenton, *Anglo-Saxon England, c.550-1087*, The Oxford History of England, Oxford University Press(1971).

[2]　G. Hutton & O. Cook, *English Parish Churches*, p.38, Thames & Hudson(1976).

[3]　K. O. Morgan, ed., *The Sphere Illustrated History of Britain c55BC-1485*, p.115, Sphere(1985).

[4]　tenant-in-chief を「直属封臣」、under-tenant を「再陪臣」と訳する場合もある。

[5]　米川伸一、『イギリス地域史研究序説』、p.74、未来社 (1972).

[6]　吉武憲司、アングロ・ノルマン王国と封建諸侯層1066-1204年、『西洋史学』、177号、pp.1-16(1995)。

[7]　アングロ・サクソン時代の教区教会は250ほどあった。
　　　G. Hutton & O. Cook, *English Parish Churches*, p.17, Thames & Hudson(1976).

[8]　米川伸一、『イギリス地域史研究序説』、p.77、未来社 (1972).

[9]　G. M. Trevelyan, *History of England*, p.108, Longman(1973).

[10]　P. Vinogradoff, *English Society in the Eleventh Century*, p.455, Clarendon

Press(1908).

[11] G. Hutton & O. Cook, *English Parish Churches*, p.70, Thames & Hudson(1976).

[12] 悔い改め、悔悛の秘跡、告解を同義に扱い、その手順については以下を参照した。
田巻敦子, 十四世紀イングランドの悔悛の秘跡, 『チョーサーとキリスト教』, 中世英文学シンポジウムシリーズ第一集, pp.90-115, 学書房出版 (1985).
告解に関する訳語については以下を参照した。
『文部省 学術用語集 キリスト教学編』, 丸善 (1972).

[13] 滝澤秀雄, 初期中世の贖罪規定書における個人への配慮, 『西洋史学』, 117号, pp.17-32(1995).

[14] G. Koziol, *Begging Pardon and Favor: Ritual and Political Order in Early Medieval France*, p.187, Cornell Univ Press(1992).

[15] M. de Jong, Power and Humility in Carolingian World: The Public Penance of Louis the Pious, *Early Medieval History*, 1, pp.29-52(1992).

[16] S. Hamilton, *The Practice of Penance, 900-1050*, Royal Historical Society(2001).

[17] R. Meens, Penitentials and the practice of penance in the tenth and eleventh centuries, *Early Medieval Europe*, 14, pp.7-21(2006).

[18] J. Kleiderer, P. Minaert and M. Mossa, *Just War, Lasting Peace, What Christian Traditions Can Teach Us.*, pp.8-9, Orbis Books(2006).

[19] ヒッポの司教、教会博士、430年没。

[20] 「それゆえ、戦争がなされるのも平和への意図によってであり、それは指である。それゆえ、平和は戦争によって望まれる終極であることになる。というのも、全ての人は戦争をなすことによって平和を求めるが、しかしだれも平和であることによって戦争を求めはしないからである。」アウグティヌス『神の国』第19巻 第12章より。以下より引用。
『アウグスティヌス著作集』第15巻, 松田禎二・岡野昌雄・泉治典 他 (訳), pp.56-57, 教文館 (1983).

[21] Wikipedia、カール大帝の項参照。

[22] R. McKitterick, Unity and Diversity in the Carolingian Church, *Studies in Church History*, 32, pp.59-82(1996).

[23] 843年にヴェルダン (Verdun) 条約により、帝国はカール大帝の3人の孫によって3分割された。その一つが西フランク王国で、922 − 932年の間、国王はロベール (Robert)1世であった。921年まではカロリング国王シャルル3世 (単純王、Charles the Simple) に服従していたが、922年に反乱を起こし、6月15日、パリの北東100kmにおけるソアッソン (Soissons) における血なまぐさい戦闘の末、シャルル3世を殺害した。これがソアッソンの戦いである。924年に、フランスの司教たちはソアッソンの戦いに関与した者に対する「悔い改めの法令」を用意した (R. McKitterick, *op.cit.*, pp.59-82.)。

[24] D. Bates, *William the Conqueror*, p.205, Hamlyn(1989).

[25] D. Bates, *op. cit.*, p.208.

[26] ルーアン大司教モジェー (Mauger、在位1035 − 1055年) がノルマンディ公ウィ

リアムと遠縁の従妹マチルダとの結婚に対し、親族間の婚姻を禁止する教会の法に触れるとして反対したときである。ウィリアムは教皇レオ9世に遣外使節を派遣してくれるよう要請した。これを受けて、教皇レオ9世は遣外使節エルメンフリッドをノルマンディ公国に派遣した。エルメンフリッドは、教皇の代表としてリジュー (Lisieux) 教会会議を開き、モジェーの追放を決議した。また、ウィリアムとマチルダには、親族結婚の罪の贖いとして修道院創建を命じた。1066年、ウィリアムはカーンに男子修道院 (Abbaye aux Hommes) を、マチルダは同じく女子修道院 (Abbaye aux Dames) を創建した。このときウィリアムは、自分の意志・意向が教皇の遣外使節が開く教会会議によってかなうことを覚えたという。

[27] このことについての主な原典は、年代記『ウースターのフローレンス (Florence of Worcester)』とされる。以下を参照。
H. E. J. Cowdrey, Bishop Ermenfrid of Sion and the Penitential Ordinance following the Battle of Hastings, *Journal of Ecclesiastical History*, Vol.20, Issue. 2, pp.229-31(1969).

[28] H. E. J. Cowdrey, *op. cit.*, p.230.

[29] D. Bates, *op. cit.*, p.211.

[30] F. M. Stenton, *op. cit.*, p.660.

[31] スペルマンのテキストは以下を参照。
H. E. J. Cowdrey, *op. cit.*, Appendix pp.241-2.

[32] D. C. Douglas & G. W. Greenaway, ed., *English Historical Documents Vol.2 c.1042-1189*, pp.606-607, Eyre & Spottiswoode(1953).

[33] R. A. Brown, *The Norman Conquest of England, Sources and Documents*, pp.156-7, Boydell & Brewer(1984).
上記は、テキストのラテン語版（[27] の Cowdrey の末尾に掲載）を英訳したもの。スペルマンのテキストは全13項から成るが、ここでは11項に縮小している。

[34] H. E. J. Cowdrey, *op. cit.*, p.234.註参照。

[35] H. E. J. Cowdrey, *op. cit.*, Appendix, p.241.

[36] D. C. Douglas & G. W. Greenaway ed., *op. cit.*, p. 607 註参照。

[37] William of Poitiers は、*The History of William the Conqeror(Gesta Guillelmi Ducis Normannorum et Regis Anglorum)* の著者。Poitiers の出身地は征服王ウィリアム1世と同じ。Poitiers の著作を典拠にして *Orderic Vitalis* が書かれている。英訳では R. Foreville 編 (1952)、R. A. Brown 編 (1984) がある。

[38] D. C. Douglas, *William the Conqueror: The Norman Impact upon England*, pp.191-192, University of California Press(1964).

[39] ダグラスが1964年に著した *William the Conqueror* は *William of Poitiers* に関する研究と連なり、ウィルキンソンのテキストもまた *William of Poitiers* を典拠としている以上、その一連の流れの源は同じと考えられる。

[40] F. Barlow, *The English Church 1066 – 1154; A History of the Anglo-Norman Church*, p.4, Longman(1979).

[41] F. Barlow, *op. cit.*, p.24.
山代宏道,『ノルマン征服と中世イングランド教会』, pp.266-72, 渓水社 (1996).

[42] L. J. Rogier, R. Aubert, M. D. Knowles, ed., *The Christian Centuries. A New History of the Catholic Church, vol. 2, The Middle Ages*, McGraw-Hill Book Company(1968).
M. D. ノウルズ他,『中世キリスト教の成立』, キリスト教史 第3巻, 上智大学中世思想研究所（編訳・監修）, p.35, 講談社(1981).

[43] 滝澤秀雄, 前掲書, p.28-29.

[44] H. E. J. Cowdrey, *op. cit.*, p.236に引用。

[45] ノーフォーク州にあるセント・ベネット・オブ・ホルム(St. Benet of Holme)修道院の歴史は、クヌート(Cnut)王がHorningの大邸宅とLudhamおよびNeastisheadの不動産を寄進したことから始まる。クヌート王は先のデーン人襲来の贖罪として、戦闘の跡地に同修道院を再興した(J. R. West, *St. Benet of Holme 1020-1210*, Norfolk Record Society, Vol.2, pp.190-191(1932))。これを確認する認可状は、多分1020年のものである(W. H. turner and H. O. Coxe, Bodleian Library, *Calendar of Charters and Rolles*, pp.144-8(1878))。

[46] 1067年にウィリアム1世はノルマンディに帰還中、フェカン(Fécamp)修道院でイースター告解を受け、その場で贖罪を命じられた。イングランドに戻るとただちに、ヘイスティングス戦場跡に、後に戦地修道院(Battle Abbey)と呼称される大修道院を創建した。

[47] D. C. Douglas & G. W. Greenaway ed., *op. cit.*, p.604.

[48] D. C. Douglas & G. W. Greenaway ed., *op. cit.*, p.604.註参照。

[49] D. C. Douglas, *op. cit.*, p.269.

[50] J. C. ホウルト,『中世イギリスの法と社会』, 城戸毅（監訳）, pp.29-63, 刀水書房(1993).

[51] 鶴島博和, 11・12世紀イングランドに於ける《feodum》概念について―ケント・Canterbury大司教領を主たる素材として,『西洋史研究』, 9号, p.35(1980).

[52] F. Barlow, *op. cit.*, pp.122-4.

[53] 当時イングランドには教皇にとって不満であった人物、カンタベリー大司教ステッガンド(Stigand)がいた。ステッガンドは教会法では別に違法でない聖職上の告訴で免職されたが、それはエルメンフリッドが派遣された時期と重なると、M. T. Chanchyはいう。(M. T. Chanchy, *England and its Rulers 1066-1272*, pp.90-91, Barnes & Noble(1983))

[54] F. Barlow, *op. cit.*, p.122.

[55] 鶴島博和, 所謂 "Norman Settlement"について―ノルマン系騎士とサクソン系在地勢力との支配関係設定をめぐって―,『西洋史学』, 123号, p.24(1982).

「エルメンフリッドの贖罪規定書（悔い改めの法令1070)」（ラテン語）の試訳

　これはノルマン人の司教たちの規定に従ったものであり、教皇特使シオン司教エルメンフリッドによる最高の権能をもって権威付けられた贖罪規定書である。ノルマン人のウィリアム公の家来たち、以前に（戦うことを）命ぜられた者たち、そしてまた騎士封として軍事的奉仕義務を負うていた者たちに科せられる。

1. 大戦で殺害した者は、その殺害した数に従い人間一人一人に対し毎年償罪の儀式を行わなければならない。
2. それぞれの者が、たとえそこでどれだけの人数に傷を負わせ、それが死亡したかどうか知らなくても、あるいはもしその数がわかるならばそれぞれ1人につき40日間の償罪をするか、あるいは断続的に償罪をし続けること。
3. もし殺傷した者について知らないならば（彼の司教区の）司教の裁量の下、生きている限り償罪を1週間に1日行わねばならない。あるいは、もし、できるならば、教会を建設したりあるいは教会を寄進したりすることによって永続的な施しとして贖うことができるであろう。
4. さらにたとえ誰をも殺害しなかったとして、殺害の意志を持った者は3日間の償罪をせねばならない。
5. 聖職者の誰であれ戦闘に参加した者、さらにまた喜んで戦闘のために武装して戦った者は各々が出身国で同じ罪を犯したときに行うような償罪をせねばならない。なぜなら彼らは戒律に従い、殺りくは赦されていないからである。修道士の償罪は彼らの戒律と大修道院長によって決められた裁定に従うべきである。
6. さらに多額の報酬のために、激戦に参加した者は誰であれ、彼自身が犯した殺害に対して審問を受け、償罪の義務がある。
7. しかしながら戦闘に参加することおよび参加した者に対して、共感を表明した者は誰であれ、司教は彼らに3年間の償罪を科すことができる。

8. 弓矢で未確認の何人かを殺害したと思われる者、あるいは殺害しなくても傷を与えた者、出身地区で40日間の償罪に従うべきである。

9. これまでの戦闘とは別に、国王の聖別以前に、食料を入手するために王国内をかけ巡り、反抗する敵を何人も殺害した者は誰であろうとも、その一人一人のために別々に1年間償罪をせねばならない。

10. さらに食料が必要でないにもかかわらず、略奪が目的でかけ巡り、そして何人かを殺害した者は誰であれ、3年間の償罪をせよ。

11. さらに王家の奉献式以降に、殺害の意志をもって他人の殺害を犯した者は誰であれ、前に述べたと同様に償罪せねばならない。しかし国王に反抗する者をこれまでに殺害もしくは打撃を与えた者は誰であれ、例外となる。

12. 姦淫をした者と強淫をした者および放蕩をつくした人物については、その罪を犯した者がちょうど出身国で行うような悔い改めをせねばならない。

13. 教会およびそれに類する組織への侵害についても同様である。教会の所有物が何であれ、それを持ち出した者はできる限りその持ち出した物を元のところに返還しなさい。もしそれができないならば、他所の教会に返しなさい。さらにそれを元に戻そうとしないときは、司教はそれを売らせないように、また誰も買わないように命令しなさい。

第**8**章
ノルマン系諸侯の所領形成

8.1　問題の所在：論点と対象の限定

　今日では、1066年のノルマン征服が未曾有の速さで政治的変化をもたらし、ヘイスティングスの戦いから9年間で全イングランドが征服者の手中に把握された、というのが一致した見解とされている [1]。しかしノルマン人の定着に伴う社会的、経済的、そして所領上の変化にかかわることについてはいまだに諸説がある。いずれもイングランドに侵攻したノルマン人が全て国王の直属封臣であることを前提に論じられがちであったが、本稿では「征服」直後に国王と直属封臣の関係にない者が存在したこと、そして彼らが定着の過程でいかにアングロ・サクソン人や教会の土地保有状態を混乱させたかについて考えてみたい。

　前章までで述べた通り、ノルマン征服に際しては、ノルマンディ公ウィリアムと封建的主従関係にあった封臣のみならず、成功報酬を目的とした志願兵が戦闘に参加した。彼らは「征服」後、侵奪と称される手段によって領地を獲得し、資産をなした。侵奪地を視野に入れたノルマン系諸侯の所領獲得の詳細な実体に関しては、これまで十分に考察されなかったように思われる [2]。侵奪に関する史料があまり残存していないためである。

　ドゥムズデイ・ブックは、国王ウィリアム1世（在位1066－1087年）の命に基づき、1085年よりほぼ1年をかけて作成された全国規模の土地台帳である。羊皮紙の2巻本より成り、第1巻 (Great Domesday Book) はウィンチェスター1人の法の専門家によって編集されたといわれる。一方、第2巻 (Little Domesday Book) は、法的知識の少ない、いわば法専門家ではないイースト・アングリアの調査使節団による報告で、ノーフォーク、サフォークおよびエセックスの3州を対象としている [3]。この第2巻の3州に限って、報告の最後に Invasiones（侵奪）の項がある [4]。エセックスの侵奪の項ではエセックスにおける土地不法占拠の（申告された限りにおいての）「事実」を記録している [5]。またノーフォークの侵奪の項には「これらの土地は征服王から与えられるべき保有権なしに所有している。すなわち、彼らは国王の権限に基づく司法長官によって認可もされていないし、司法長官の法的委員会の承認もなければ、証人や長官の指令もない。

それゆえ彼らは略奪者もしくは侵略者であり、正当な所有権なしで所有しているもので、侵奪と呼ばれる土地である」とある [6]。

　以上のような問題関心に基づき、ノルマン征服後、侵奪によって惹起された社会経済的変化の一端を明らかにする。しかしながらこうした問題を全イングランドにわたって論及することはできない。ノルマン人の定着およびその構造は地域的諸条件によって異なるからである。そこで実際の分析に際しては、考察の対象地域をノーフォーク（州）に限定することにする。理由は、リトル・ドゥムズデイ・ブックに侵奪の項が付記されていること、史料『ロジャー・ビゴットと家臣が聖ベネット・オブ・ホルム修道院から侵奪した土地のリスト』が存在することである。とりわけ、ノーフォークに最も多くの所領を獲得したノルマン系諸侯でカッスル・エーカーに修道院を創建したサリー伯ウィリアム・ウォーレン、および俗界封臣の一人であるロジャー・ビゴット (Roger Bigod) を主な対象とする。

　『アングロ・サクソン年代記』では、ロジャー・ビゴットは「反逆者たちの一人はロジャーと呼ばれ、彼はノーリッチ [7] の城を不意打ちし、そしてその地域全体にわたって悪業の限りをつくした。」[8] と記されている。以下、まずビゴット家について簡単に説明しておこう。ビゴット家がイースト・アングリアにやって来たのは、父ロバート・ビゴットのときである。ノルマン征服前の 10 年間、下級騎士ロバート・ビゴットはノルマンディ、カルバドス地方のバイユー司教オドの陪臣であった。1066 年にヘイスティングスの戦いに傭兵として従軍し、果敢に戦い、征服王ウィリアム 1 世よりノーフォークに領地を与えられた。また、1069 年にロバート・マレットとノーフォーク伯ラルフ・ド・ゲールと共にデンマークのスウェンをイプスウィッチの近郊で破り、その領地を与えられた。

　その息子ロジャー・ビゴットについては、母はカルバドス教区の村娘と記されるのみで生年不詳、兄弟はない。ロジャー・ビゴットの名前が公文書の記録に表れるのは 1074 − 1075 年頃からである。当時は 12 歳で成人とみなされたという [9]。したがって父ロバートが 1071 年カルバトスで死亡したとき、ロジャーは 10 歳に達していなかったと思われる。

　以下行論においては、①ノーフォークにおけるロジャー・ビゴットの侵奪、②ロジャー・ビゴットと地下資源利用、③ロジャー・ビゴットの所領

形成、以上の3課題に沿ってトポグラフィカル手法[10]を用い、実証的検討を行う。

8.2　ノルマン系諸侯によるノーフォークにおける侵奪

8.2.1　史料としてのドゥムズデイ・ブックの限界

　ドゥムズデイ・ブックは全国的土地調査としては唯一の同時代的史料である。しかし、ドゥムズデイ調査はその目的から「荘園の規模」に重点が置かれ、調査質問の内容は類別すると以下の3点に分かれた。

①保有権についての質問。すなわち当該荘園の保有権を直接国王から与えられているのは誰か。
②荘園住民の身分構成についての質問。つまり領主の家臣、自由民、ソックマン、農奴、小屋住農、奴隷の数。
③荘園の生産力についての質問。すなわちハイド数、犂隊数、森林の広さ、放牧地と牧草地の広さ、水車の数、漁場の数、塩田の数、そして荘園の価値はどれくらいか[11]。

　以上から、結果として農業に偏重しがちであったが、ノーフォークには、この質問の範疇に入らず、また該当しない産出物があった。それは種々多様な地下資源である。19世紀にアーサー・ヤング(Arthur Young)が計算したところ、ノーフォーク州は総面積1830平方マイル、そのうち、種々のローム（沃土）からなる地が900、良質ローム148、良質砂420、軽砂220、沼沢地粘土60、そしてピート（泥炭）82平方マイルである。また、当時ノーフォーク全土の3分の2は耕作・牧畜用地であった。そのうちの130000エーカーは放牧地(pasture)と牧草地(meadow)である[12]。州全体にイェア川、ビュア川、ウェブニィ川、ウェンサム川、ウィッセイ川などがなだらかな丘陵地と平野の間を這うようにゆるやかに流れ、川の両側

には川幅より広い河川敷が広がる。あるときは川になったり土地になったり、その境目がはっきりしない。また、東部海岸線に近い沼沢地 (Fen)、沼地 (Marsh)、湿地、草地は海抜ゼロメートル地帯である。歩行可能で肥沃な牧草地帯であるが、季節によって浸水し、こちらも土地との境目がはっきりしない。そして地下資源の多くは、これらの河川敷、沼沢地、沼地、湿地、草地の下に埋蔵されていた。このような事情と関係しているのであろうが、アングロ・サクソン時代以前からイースト・アングリア地方の地主たちは自分の土地を区画したり、境界を決めたりする習慣がなかった。ノーフォークの荘園領主たちは、地下資源の所在を牧草地かまたは放牧地の名目で報告し、ドゥムズデイ調査使節団の目をそらしたものと考えられる。

　さらにダービィによれば、ドゥムズデイ・ブックには記載されていない領地があるという [13]。例えばイースト・フレッグ、ウェスト・フレッグハンドレッドのドゥムズデイ統計を見ると、牧草地のエーカー数は、羊の数に対比すると不自然である。マーサム村は、羊数がゼロであるにもかかわらず、牧草地114エーカーと記載されている。後述するように、少なくとも13世紀以前からマーサムでは石灰岩の採掘が盛んに行われていた。同様にフィルビィ、ロゥルスビィ、バラの集落は、羊数はゼロであるにもかかわらず牧草地は35、22、51エーカーと記載されている。もちろん牛その他の家畜もいたが、数える程度にすぎない。これらの集落では燃料としてピートの採掘が盛んに行われていた。9世紀から350年間にわたり掘り続けられた結果、その跡が湖沼 (broad) となり、互いに繋がって大きなトリニティ・ブロードが形成された [14]。しかしドゥムズデイ・ブックには石灰岩もピートも記載されていない。結果論になるが、これまで述べてきたような特殊な地形と地質や土地保有の慣行が、ノーフォークに「侵奪」を招きやすくしたのかもしれない。

8.2.2　ノルマン系諸侯らの侵奪の傾向

　ノルマン系諸侯らによる侵奪は、手当たり次第に行われたのか、それとも何らかのねらいを定めたものであったのだろうか。これについて明らかにしてみたい。

　「征服」前のノーフォークには、前国王のセイン (thegn) が多数おり、その頃地方のリーダー的存在であった大荘園領主エルガー伯、ジャース伯、ラルフ伯の勢力下に置かれていた。ノルマン征服後、征服王ウィリアム1世の配下になったセインは88名であった [15]。その中には聖界領主である聖ベネット・オブ・ホルム、ベリー・セント・エドモンズ、イーリィ、ラムゼィの各修道院長も含まれていた。ウィリアム1世は抵抗したり逃亡したりしたサクソン貴族やセインを除き、現地住民の土地は取り上げなかった。そして州長官 (sheriff) とその代官 (reeve) には現地のセインを用いた。1086年当時、当該州に所領を保有した国王の直属封臣は、ノルマン系諸侯39名に対し、現地住民（サクソン系、デーン系、イングリッシュ）は44名を数える [16]。現地住民の方が多かったのである。

　一方、ドゥムズデイ・ブックに記された侵奪者16名は、全てノルマン系諸侯である。ここではその中の1人について記しておこう。ハーマー・ド・フェレーズ (Hermer de Ferrers) は、この州の自由民の土地を最も多く不法に侵奪した人物とされる [17]。彼は1086年以後も侵奪を続け、侵奪者ハーマー (Invathio Hermeri) の異名を持つ [18]。ハーマーはノルマン征服時の戦功によりノーフォークに22荘園が与えられていた。その多くはアングロ・サクソンの自由民ソーケテルが1066年以前に所有していた荘園であった。そしてハーマーは侵奪によりほぼ同数の荘園を獲得したといわれている [19]。ノーフォークにおける教区教会などの分布によれば、アーシャム、北グリーンホゥ、グリムスホゥ、フリーブリッジ・マーシュランドの各ハンドレッドには村落に1つずつ教区教会があったが、その一方、クラッククローズ、デプウェード、ギャロウとヘンステッドの各ハンドレッドには集落の数に比べて多数の教会があった [20]。侵奪したものも含めたハーマーの所領分布は、教会が多い地域に集中している [21]。つまり、彼の侵奪のねらいは教会の土地 (glebeland) であった [22]。

　ハーマーが集落よりも教会荘園の獲得に固執した証拠として、次の例が挙げられよう。

例1：レニンガム教区

　1066年以前はセインのレオフウォルドが保有していたレニンガムの3

カルケイトの土地と12エーカーをワーゲンが保有。2農奴、14小屋住農、1奴隷。3犂隊、1耕作民、牧草地16エーカー、16頭の豚のいる森林。その中の教会と10エーカーの教会荘園のみをハーマーが所有している。レオフウォルドはハーマーの家臣になった。(J. Morris ed., Domesday Book, Phillimore(1984)（以下DB iiと略記），208b)

例2：リッチャム教区

1066年以前から自由民ソーケテルがリッチャムの3カルケイトの土地を荘園として保有していた。3農奴、3小屋住農、4奴隷、牧草地8エーカー。2犂隊、1耕作民、7頭の豚がいる森林、1水車。その中にある教会と4エーカーの教会荘園のみをハーマーが所有している。(DB ii，207b)

例3：エリンガム・マグナ教区

ウォーレンボルドが、1066年以前に自由民ソーケテルが保有していたグレート・エリンガムの3カルケイトの土地を保有。3農奴、2小屋住農、5奴隷、百頭の豚がいる森林、牧草地30エーカー、3犂隊と領地。その中にある1教会と20エーカーの教会荘園のみをハーマーが所有している。(DB ii，207a)

他のノルマン系諸侯らも大なり小なり教区教会と教会荘園と修道院荘園に固執しているため、侵奪の傾向として、集中的に聖界所領が狙われたとみてよいのではないだろうか。

8.3 聖ベネット・オブ・ホルム修道院領の侵奪

8.3.1 『聖ベネット・オブ・ホルム修道院領の侵奪リスト』

それでは、聖ベネット・オブ・ホルム修道院[23]とその所領を襲ったロジャー・ビゴットと家臣を取り上げてみよう。資料は以下の通りである。

所在：ブリテッシュ・ライブラリィ所蔵
形状：205枚のフォリオから構成（その中の52v.と53v.）
　　　14世紀の写本、Cartulary. Cotton.
内容：St. Benet of Holme Abbeyの記録簿1020－1210年間の記録類（ラ
　　　テン語）

　上記資料は、1922年に、ステントンによって聖ベネット・オブ・ホルム
修道院記録簿の中から発見された[24]。その後、ウェストの学位論文『聖
ベネット・オブ・ホルム1020－1210』が書かれ、その巻末に史料の原文
（ラテン語）が記載されている[25]。ステントンによれば、現存していない
がオリジナルは、内容から判断して1101年10月、修道院長リッチャーが
選出された頃からビゴットが1107年に死亡するまでの間に書かれたもの
であり、真正なものと判断できるという。内容は、修道院長リッチャーの依
頼により作製された、『ロジャー・ビゴットとその家臣により聖ベネット・
オブ・ホルム修道院から侵奪された土地のリスト（List of encroachments
on the Abbey's lands by Roger Bigod and his men、以下『聖ベネッ
ト・オブ・ホルム修道院領の侵奪リスト』と略記)』である。
　第7章で述べたように、イングランド各地で侵奪を繰り返していたのは
俗界従臣たちだけではなかった。ノルマン征服直後から、ウィリアム1世
の異父弟バイユー司教オドをはじめとするノルマン系諸侯たちは、古い歴
史を持つ修道院など聖界所領を激しく侵奪した[26]。これに対し、1070年
にカンタベリー大司教座に就いたランフランクは、侵奪所領の回復と教会
の諸特権の明確化のために、法廷闘争を開始した。
　そして教皇使節シオン司教エルメンフリッドが派遣され、ヘイスティン
グスの戦いに関与した者に対し、1070年5月に「悔い改めの法令1070」
が布告された。同法令13項には「教会およびそれに類する組織への侵奪
についても同様である。教会の所有物が何であれ、それを持ち出した者は
できる限りその持ち出した物を元のところに返還しなさい。もしそれがで
きないならば、他所の教会に返しなさい。さらにそれを元に戻そうとしな
いときは、司教はそれを売らないように、また誰も買わないように命令し
なさい。」とある。侵奪者たちは各司教区の司教の法廷に召喚され、教会

の悔い改めの手順に則して裁かれ、贖罪として侵奪地の返還を命ぜられた
のである [27]。同様に、ノーリッチ司教区では司教ハーバート・ロジンガ
(Herbert de Losinga、在位1091－1119年) が司教区復興運動に着手し
た [28]。目標は侵奪された聖界所領の回復であった。『聖ベネット・オブ・
ホルム修道院領の侵奪リスト』は、このとき修道院側が作成したものであ
る。この流れで考えるならば、このリストは侵奪者を告発するための一種
の被害届だったのではなかろうか。

8.3.2　ロジャー・ビゴットの所領形成と侵奪

　ではロジャー・ビゴットはどのように所領形成をしたか、『聖ベネット・
オブ・ホルム修道院領の侵奪リスト』を時間軸に沿って分析してみよう。
　彼は1074年のノーフォーク伯ラルフ・ド・ゲールの反乱のとき、国王
軍に加わり戦功をたてた。征服王ウィリアム1世はラルフの土地を没収し、
その管理をロジャー・ビゴットに任せた。それ以前に、ウィリアム1世は
州長官に前国王のセインであるセットフォードのエイルウィを、代官には
同ウルフを任命していた。州長官職には2つの基本的な権限が付与されて
いた。国王が封建領主として各州に所有する王領地を管理する義務、すな
わち王領地農民より封建地代を徴収する権限と、州裁判所の主宰および裁
判収益を徴集する権限である [29]。ノルマン征服直後、エイルウィは王領
地の他に、公的地位を利用して逃亡者等の土地と領民を獲得した。また同
修道院の西フレッグハンドレッドにある所領13教区と東フレッグハンド
レッドにある5教区は、1066年以前の管理者エイルウィと息子のスタナー
ドが侵奪したものであった。ビゴットは、「王領地の管理者はすなわち州長
官である」としてその職権を主張し、前任者エイルウィから全てを奪った。
エイルウィはビゴットの家臣になり、息子スタナードはビゴットの側近に
なった [30]。同様にしてビゴットは代官ウルフの全所領をも奪い、ウルフ
もまたビゴットの家臣になった。
　ルーダムにある所領は、ノルマン征服直後に、それまでの管理者であっ
た前王のセインのオズワルドが侵奪したものであった。同じく前王のセイ
ンであったウォラーラン、ベイシンガムのエイルウィン、ゴウティ、ウル

フらも同様に、自分たちが管理していた領地と自由民を侵奪していた。ロジャー・ビゴットはこれらについても「王領地の管理者はすなわち州長官である」と主張して横領し、オズワルド以下、全員がビゴットの家臣になった。また、ロジャー・ビゴットの家臣であるノルマン系騎士イヴォ・デ・ヴェルダン、ウォルター・カヌート、コレスロードは、タンステッド、ハッピング、ヘンステッド、デプウェード、北エルピンガムの各ハンドレッドを管理するセインを襲い、ビゴットの家臣にした。このようにして1074－1086年の間、ロジャー・ビゴットの家臣になった元セインは13名いた [31]。

　1082年のバイユー司教オドの反乱後、ウィリアム1世はオドの所有地を没収し、この王領地の管理者にロジャー・ビゴットを任命した。ビゴットはこのとき、託身と誠実宣誓の「臣従の礼」をつくし、国王の直属封臣となった [32]。そして国王から封としてオドの荘園39カ所が下封され、そのうちの18カ所がビゴットの家臣に再下封された。その他、かつてアングロ・サクソン貴族が所有していた多くの荘園もオドを経てビゴットに渡り、他のノルマン系諸侯らからの再下封地も全てビゴットの封土となった。また、1074年以来ビゴットが不法に横領していたセットフォードのエイルウィ、ウルフ、ノーマンなど元セインの荘園全ては、ビゴットが国王の直属封臣として所有する土地に変わった。こうしてロジャー・ビゴットは、ノーフォークの62名の直属封臣中最多の187荘園を所有する大領主になったのである。

8.3.3　ロジャー・ビゴットの資産形成

トポグラフィカル歴史分析

　近年、イースト・アングリア地方史研究においては、歴史地図 (historical atlas) の作成による地域ごとの実証研究が盛んに行われている。まず史料や史跡に基づき歴史地図が作成され、その地図から目立った事象や現象を読み取り、地誌学的データや文献史学の成果と照らし合わせ総合することで、新たな歴史的事実に光を当てる。これら全体の作業は、トポグラフィカル歴史分析と称される [33]。本稿ではこの研究手法を用いる。

　最初にノーフォーク・ドゥムズデイ・ブックより、ロジャー・ビゴット

の所領分布図を作成した。次にドゥムズデイ・ブック記載の侵奪地16カ所と聖ベネット・オブ・ホルム修道院からの侵奪地41カ所を所領分布図に加えてみた。それによるとビゴット家の所領は大きく分けて4地域に集中していた。これをノーフォークの土壌分布図と照合した[34]結果、ビゴット家の所領分布、とりわけ侵奪地の分布は、有用な土壌や地下資源の分布にかなり一致しているという傾向が判明した。以下ではそれら4地域、すなわち①フリント・粘土、②ローム、③ピート・粘土、④石灰、の各地帯を順に具体的に見てゆくこととしたい。ただし実際には数種の土壌が幾層にも混在しており、あくまで便宜上の区分であることを断っておく。

①フリント・粘土地帯（flint & clay regions、ノーフォーク南西部）

　ビゴットの所領はノーフォーク西部、セットフォードを取り囲むセット川とウィッセイ川の流域、およびセット川の南を流れるリトル・オウゼ川の周辺の地域に分布し、ギルトクロス、シュロッパム、ウェーランド、ランデッチ、南グリーンホーの各ハンドレッド内に位置する。これらの地域、とりわけセット川とウィッセイ川に挟まれた地域には、古くからフリント（火打ち石）の採掘地があり、その水運の拠点でもあった。例えば、セットフォードから北へ16km行った所にフリント鉱跡（地下）グリムス・グレイヴスがあり、周囲約90エーカーにわたり採掘された跡がある[35]。昨今では観光名所となっているので、筆者も英国滞在中の1980年代にここを訪れたことがある。

　この地域では後期石器時代か青銅器時代からフリントを産出しており、フリントで作られたBC6000－2500年頃の矢じり、手斧、ナイフ等が出土している。フリントと粘土(boulder clay)は混在するという特徴があり、近くから必ず一緒に土器の壺や甕が出土しているので年代を同定しやすい。また、ノーフォークには1世紀にフリントを用いたローマ街道が敷かれたという。ノーリッチ近郊に築かれたローマ人の都市はフリントと粘土の段層で積まれた市壁で四方を囲まれていたし、同時代のバラ・カッスルの城壁もフリントと粘土の段層式であった。

　中世に入り、ベーダの時代である630年頃に、聖人フルサがアイルランドからバラ・カッスルに来て修道院を建てた。その外壁はフリントを粘土

で接着させていくアイルランド方式であり、このとき以来ノーフォークの教会建築にはフリントが使われるようになった。例えばノルマン征服以前からあったイースト・アングリアのベネディクト派修道院ピーターバラ、イーリィ、ラムゼィ、ベリー・セント・エドモンズ、聖ベネット・オブ・ホルムの各修道院の建物には、全てフリントが使われている [36]。11世紀における教会建築とフリントとの関係については後述するが、ビゴット家の所領分布はこれらフリント産地に近く、しかもそれを運搬する水運上の拠点に位置している点で留意に値する。

②ローム地帯（loam regions、ノーフォーク北東部）

この地域のビゴットの所領はノーフォーク北部クローマー港からヤーマス港へ流れるビュア川の上流地域に集中し、ノース・エルピンガム、サウス・エルピンガム、ホルトの各ハンドレッド内に位置している。

中世において、ロームは肥沃な土壌として、また建築資材として利用された。表層がロームの場合、肥沃な土壌が耕作に適していた。ノーフォークでは、フレッグハンドレッドと上記に挙げた隣接する地方は、この肥沃なローム土壌により作物が豊かに実った。ドゥムズデイ調査当時、フレッグの人口密度は他の地方の2〜3倍であり [37]、イングランドで最も豊かな土地といわれた [38]。中世においては、ローム土壌による農業生産の豊かさが荘園の形態を支配した、といわれている [39]。

ロームは、砂・沈泥・粘土がほぼ等量に混合した土壌である。それゆえ、コンクリートやセメント代わりの資材になった。城壁や教会の外壁などにフリントとフリントを積み重ねる上で、ロームは必要不可欠な資材であった。また木造家屋には、柱と柱の間にロームと木屑を混ぜたものを壁として使用し、その表面を石灰で塗装した。ちょうど日本の民家の土壁に近い構造である。実際に小作農の木造家屋がゴドウィックに現存しており、このロームと木屑の混合壁が観察できる [40]。

③ピート・粘土地帯（peat and clay regions、ノーフォーク東海岸部）

ビゴットの所領はノーフォーク東部海岸側の沼沢地、オームスビィ沼、フィルビィ沼、ロールスビィ沼の周辺地域に分布し、ハッピング、西フレッ

グ、タンステッドの各ハンドレッド内に位置している。

1020年からルーダムには聖ベネット・オブ・ホルム修道院が建ってお
り、周辺のバラ、オビィ、アシュビィ、サーン、ロールスビィ、ウィンター
トンには同修道院長の荘園があった。それらから豊富にピートが供給され、
特に9世紀半ばから燃料としてピートの切り出しが発達し、川や沼の沿岸
が掘り進められ、同修道院の経済的基盤を支えた。

ロールスビィ沼、オームスビィ沼、フィルビィ沼は中世に350年間もピー
トを切り出したため、その跡が沼となったものである。このことは1953
年にジェニングとランバートの研究によって初めて明らかにされた [41]。
ビゴットは、同修道院のこれらの荘園やその周辺地域を侵奪している。

④石灰地帯（chalk regions、ノーフォーク南東部および北部）

ノーリッチ市からビュア川に沿って北上し、北部海岸までの広い地域、
ハンブルヤード、ブロフィールド、タヴェナム、アインズフォード、ホルト
の各ハンドレッドを含むこれら一帯は、石灰岩(chalk)の上に成り立ってい
た [42]。北部海岸にはドーバーと同様に白亜（石灰岩）の断崖が連なって
いる [43]。ノーフォーク南東部、フレッグハンドレッドにあるマーサム・
ブロードは、少なくとも9世紀以来、数世紀にわたって石灰岩が採掘され
た結果、ブロード（湖沼）になったものである。このマーサムは14世紀初
頭までビゴット家が占有していた [44]。

石造建築の石と石を密着させるにはモルタルが必要で、それは石灰岩か
ら作られる。まず大きな釜（石灰炉）の中で石灰岩を焼き、石灰を取る。
次に、熱を冷ますために土の中の広い穴に入れて水をかける。数カ月間水
に浸しておくとぬるぬるした練り粉になるが、それを良質のモルタルにす
るには良質の砂を混ぜ合わせなければならない。ノーフォークの北部海岸
には良砂地帯があったから、おそらくそれらが用いられたことであろう。

ロジャー・ビゴットはどこよりも真っ先にノーリッチを襲い、12世紀初
頭まで半世紀にわたってノーリッチを占有した。ノーリッチを囲むように
ウェンサム川が流れ、豊富な石灰岩、石灰炉に必要な川の水、北部良砂地
帯からノーリッチまでの水運など地下資源を利用し利益を上げるために必
要な条件が、「侵奪」により揃ったことになる [45]。

　以上4地域の地下資源分布とビゴット家所領の分布が一致しているという現象は、ビゴット家がこれら地下資源を積極的に利用して利益を得ようとしていたという推測を抱かせるのに十分ではないだろうか。

宗教的建造物ブーム

　ノルマン征服から約1世紀半の間に、イングランドでは修道院の数が約60から約700に増え、修道士・修道女・修道参事会会員の数は約1000人から約15000人に増大した[46]。同様に教区教会も増加し、その数は約4000とも4511ともいわれている[47]。

　イングランド侵略と征服に参加したノルマンディおよびその周辺地域の諸侯や騎士は、それに続く侵奪で多大な土地をイングランドに獲得した。彼らは獲得した土地に教区教会(parish church)建て、あるいは修道院(prior)を創建した[48]。特に諸侯らは独特の熱心さをもって修道院創建を行い、宗教的建造物ブームとも呼ぶべき歴史的な社会現象を生んだ。1086年には、既にノーリッチに26教会・28礼拝堂、セットフォードに13教会、その他ノーフォーク全体で250教会、合計317の教区教会が建てられていた。また国王ウィリアム1世の治世からヘンリー1世の治世までの約50年間に、ノルマン系諸侯らが創建した修道院は16にのぼった[49]。

　一つの修道院が完成するまでには最低4年から10年以上を要したから、州のあちらこちらから建設の槌の音が絶え間なく響いていたであろう。彼らは多種多量の建築資材をどこから調達し、建築現場までどのようにして運んだのだろうか。フリントを例に考えてみたい。ノーフォークの宗教的建造物の骨格と外壁を兼ねる部分には、ほとんどの場合、硬質のフリントが使われた。フリントとフリントを積み重ねるためにローム、石灰、粘土を使う方法は、前述したように7世紀に伝来し、それ以来現在に至るまで、広くこの地方の宗教的建造物を特徴づけている。中世ノーフォークとサフォークの経済発展の差は、フリント鉱の有無にあったといわれる。ちなみにノルマン征服後においても、サフォークの教会・修道院その他の建造にはグリムス・グレイヴス産出のフリントが使われていたことが証明されている[50]。

地下資源利用

フリントの採掘場は、セットフォードの北へ16km行った所に、周囲90エーカーにわたっていた。フリント鉱グリムス・グレイヴスへの道は、セットフォードから西北へ約十キロ進みリンフォードへ、そしてそこから一本道で5km先にある。ドゥムズデイ・ブックの記載によれば、リンフォードはロジャー・ビゴットが所有し、エイルウィの息子スタナードがロジャー・ビゴットから再下封されて保有していた。内容は、1自由民、60エーカーの土地、2分の1犁隊、1奴隷、牧場3エーカーである[51]。ロジャー・ビゴットの側近スタナードがリンフォードを押さえていたということは、グリムス・グレイヴスのフリント鉱一帯をビゴット家が支配していたということになる。

近年、セットフォード考古学研究グループが、中世セットフォードの集落と河川との相互関係について活発に調査をしている。河川の沈殿物を調べたところ、中世に河川の開発と利用があったことが示され、出土品を識別すると、地下資源の運搬に川、運河など水路を利用したことがわかった[52]。フリントの輸送経路は、グリムス・グレイヴスからリンフォードを通ってセットフォードへ出た後、そこからリトル・オウゼ川を通って北のキングス・リンへ運ぶルートと、上流を遡りウェブニィ川を通って東のグレイト・ヤーマスへ運ぶルートとがあった。これらのルートがあればイースト・アングリアはもちろんのこと、海路でイングランド全土への輸送が可能である。販路の可能性も十分にあったことになる。

教会や修道院や大聖堂の建設が決まると、石工をはじめ人夫がその場所に作業小屋を建てて移り住んだ。そして建築資材の採掘場と現場を結ぶ運河や水路が掘られた。教会建築資材の岩石・石・砂・粘土などは重量があるので、人々はどのように遠回りになろうとも水路で運搬した。このため、ビゴット家とその従臣たちは水路の妨害を最も恐れ、水路上拠点となる集落を次々に侵奪し、一大ネットワークを形成したのである。従臣たちは互いに利権を守るため、ビゴット家との主従関係を深めたものと思われる。

ところで教会や修道院を建てるのに必要なものは、フリントだけではない。先に述べたようにフリントとフリントを積み重ねるにも、石と石を密着させるにも、モルタルや石灰や粘土が必要であった。そこでローム地帯

からはロームを、ピート・粘土地帯からは沼沢地粘土を、石灰地帯からは石灰とモルタルが調達され、宗教的建造物ブームを背景に地下資源採掘とその加工は大きな利益を上げたものと考えられる。

　ノルマン征服後のイングランドにおいて、ビゴット家はロジャー・ビゴットの代で15位から5位に位置する富裕な家系として上昇した。ビゴット家の経済的繁栄は国王による恩顧と土地侵奪にその多くを依っているとはいえ、このような宗教的建造物ブームに裏付けされた地下資源採掘とも無関係ではなかろう。

8.3.4　ノーフォークの自由民

　『聖ベネット・オブ・ホルム修道院領の侵奪リスト』を見ると、ロジャー・ビゴットと家臣が侵奪したのは土地だけでなかったことがわかる。約45名の自由民とソックマンとその家族、そして各々が抱える小屋住農・奴隷など、かなりの数の人間が略奪されている。個々の侵奪地は規模が小さいものが多く、おそらく地下資源採掘場だったのではないかと考えられる。

　粘土、ローム、ピートの採掘場は、通常の形態では自由民が1人当たり2エーカー、2.5エーカー、3エーカーに区切られた土地を保有し、彼らは土地の一角に作業小屋兼用の家屋を設け、採掘用の道具一式と運搬用の荷車等を揃えていたと考えられる。彼らはまた、配下に数名の小屋住農や奴隷を抱えていた。ピートの採掘場には、自由民が5、6人から12人のグループで12、15、20エーカーを保有する形態も多い [24,25]。ピートにせよフリントにせよ、地下資源の採掘作業は苛酷でかつ熟練を要したから、そのために人材の確保が必要だったのではないだろうか。聖ベネット・オブ・ホルム修道院側にとっても、土地そのものの侵奪よりテナントである自由民の忠誠心と奉仕の撤回の方が深刻な損失であったという [53]。

　ノーフォークは自由民とソックマンの占める比率が他州と比べて著しく高いことが、研究者たちにしばしば指摘されてきた [54]。また、標準的な自由民の誰もが土地保有をしているわけではないこと、所有地について関心の低さ、領主と自由民を一体化する結びつきとして現金取引の普及、なども指摘されている [55]。これらは、牧畜を含めた農耕地経営というより

も、地下資源利用に基づく経営体を想定すると、より理解しやすいのではないだろうか。自由民は採掘現場から別の採掘現場へと移り住むことができたし、地下資源の埋蔵量には限界があるから、1カ所を保有しそこに留まることに固執しなかったのではなかろうか [56]。

　さらに領主と自由民の間での「臣従の誓い」行為に関しては、ノルマン征服後に書かれたいかなる文書にも見当たらないという [57]。11世紀の支配的な所領経営方法は請負制であった。請負制は特に聖界所領において顕著で、ノーフォークの修道院もその例に漏れない。例えば聖界領主である聖ベネット・オブ・ホルム修道院長と自由民との間では、ノルマン征服以前から現金取引が行われていた。これにより聖界所領の自由民は自立と上昇を促されて、俗界所領におけるセイン層に匹敵する者が現れた。例えば自由民ウルフキテルはその代表的存在である。

　イースト・アングリアでは教区教会の所有主を確定できないことがある。こうした場合、教会荘園は自由民が所有していた。これは領主と荘園を持たない集落があり、自由民だけで成り立っていたためである。例えば、ピートの採掘地スリグビィ（東フレッグ）、レップス（西フレッグ）には荘園がないし、領主もいない [58]。ロジャー・ビゴットと家臣たちはこのような現地の自由民との間に直接、契約を結んだものと思われる。

　ドゥムズデイ・ブックには直属封臣各々の荘園数と評価価値が記されているが、ロフによれば、ノーフォークの場合、荘園は自由民に貸し出され、賃貸契約として自由民から現金が支払われていた。したがって荘園の評価価値は、年貢として支払われた現金の価格であったという。このことから、封建的領主制はノーフォークに関する限り、十分に達成されたとはいい難い [59]。

8.4　ノーフォーク州における修道院寄進

8.4.1　修道院創建による所領維持

　1066年のノルマン征服以降1225年までの期間に、ノーフォークには77

の各種修道院が建立されている。それら各種修道院の創建を俯瞰してみると、目立つのはノーリッチ司教ハーバート・ロジンガの活躍である。司教ロジンガの功績は、ノーフォークの直属封臣 (tenant-in-chief) に助言を与え、彼らに修道院を寄進させたことである。

　第7章で述べたように、「悔い改めの法令1070」の中で、戦闘参加者はできるならば教会の建設・寄進や永続的な施しを行うよう求められ、その実現・実行のために司教区の司教が絶大な権限を持つ「司教の法廷」が開かれるようになった。これによりノルマン系諸侯および直属封臣らは侵奪地を没収されたが、司教の裁きを避けることができれば土地を没収されずにすんだ。そこでこの時期、多くのクリュニー修道会所属の免属修道院が創建され、天国の聖パウロとペテロに捧げられた。教皇、司教、国王といえども、聖人の所有物には手出しができないからである。

　サリー伯ウィリアム・ウォーレンとノーフォーク伯ロジャー・ビゴットは、ずば抜けて多数の世俗所領をノーフォーク内部に所有していた。ウィリアム・ウォーレンは、特に西北部を中心にして80以上の村落に145の荘園を所有していた。ロジャー・ビゴットの所領は東部、特にノーリッチ南部にあり、荘園の数は187であった。司教ロジンガは、サリー伯には所領カッスル・エーカーを拠点にして、ノーフォーク伯には司教座大聖堂があったセットフォードの跡地を拠点にして、修道院を創建するよう助言している。これを受けてサリー伯はクリュニー系修道院であるカッスル・エーカー修道院を創建し、その配下の再封臣は教区教会を建設して土地の安泰を図った。

図8.1　1990年代のカッスル・エーカー修道院(1)

図8.2　1990年代のカッスル・エーカー修道院(2)

8.4.2　祈りの連結

　王から土地を下賜された直属封臣たちの荘園は、全てが直属封臣自身によって経営されたわけでない。サリー伯とノーフォーク伯それぞれに仕える騎士たちは、伯爵から「騎士封」として土地を保有する再封臣(undertenant)である。第4ラテラノ公会議前の1世紀間、ノーリッチ司教区では、俗界所領の領主たちすなわち再封臣たちが熱心に彼らの私有教会（教区教会）を修道院に寄進している。

　当時、クリュニー会派修道院は「死者になりかわって神に祈る修道士たちの共同体」であり、貧者への施しは「水が燃え盛る火を消すように、施しの業は、罪を償う（『シラ書』（『集会の書』）3章30)」と聖書でもって教

えられた。『クリュニー修道院創建文書』はノーリッチ司教ハーバート・ロジンガに大きな影響を与えた。司教ロジンガは、諸侯・騎士らに対し、修道院へ教会を寄進する者はその修道院内に埋葬される特権を与えると公布し、寄進を承認する司教ロジンガの特権証書(charter)は、過去または未来においても有効とした。教会を寄進すれば過去に犯した全ての罪は赦免され、修道院内に埋葬されれば未来に永遠の命が保証される、と説いたのである。

　カッスル・エーカー修道院の後援者リッチモンド伯の執事スコッランドは、同修道院に対し、メロソンビー、ベデール、ファービィ、キラービィ、スコートン、アイスキュウ各教会における10分の1税を寄進した。そして彼は死後カッスル・エーカーに埋葬された。また、サリー伯から土地を再受封していた騎士らは、教会や礼拝堂を建て替え、カッスル・エーカーに寄進した。彼らは、彼らの封土に建っている私有教会を、彼らの領主によって創建された修道院に結合することを望んだ。これを「祈りの連結」現象という（図8.3）。

　この現象は、ロジャー・ビゴットの周りでも見られた。ロジャー・ビゴットの場合はセットフォード修道院を創建し、初代ウィリアム・ウォーレン創建のクリュニー会派ルイス修道院の分院として寄進した。このセットフォード修道院に対して、彼の再封臣たちから50もの教区教会が寄進されている。ロジャー・ビゴットの再封臣たちは、自分の領地の上に建つ教会をセットフォード修道院に寄進し、自分たちの領主の菩提所に「祈りの連結」を結んだのである。

　直属封臣を大領主、再封臣を小領主とすると、この土地所有の封建的主従関係、すなわち諸侯と騎士との主従関係は「祈りの連結」の構造と一致する。当時、教区教会はほとんどが私有教会であった。私有教会の権利は司教区の権利に優先したので、たとえ所有主が外部の司教であっても、それを所領として処理する権限が与えられていたのである。修道院が、創建時に寄進された教会領（土地）を核としながらその周囲に所領（土地）を増やすことは、ノーフォーク州に限らずイングランド各地で行われていたことである。美談ばかりでは人は動かせない。

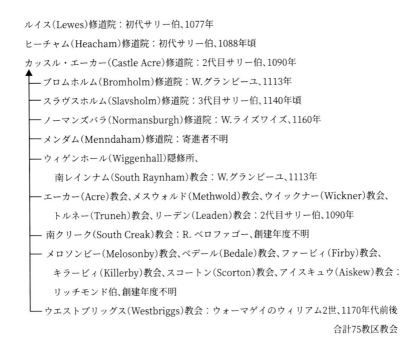

ルイス(Lewes)修道院：初代サリー伯、1077年

ヒーチャム(Heacham)修道院：初代サリー伯、1088年頃

カッスル・エーカー(Castle Acre)修道院：2代目サリー伯、1090年

── ブロムホルム(Bromholm)修道院：W.グランビーユ、1113年

── スラヴスホルム(Slavsholm)修道院：3代目サリー伯、1140年頃

── ノーマンズバラ(Normansburgh)修道院：W.ライズワイズ、1160年

── メンダム(Menndaham)修道院：寄進者不明

── ウィゲンホール(Wiggenhall)隠修所、
　　　南レインナム(South Raynham)教会：W.グランビーユ、1113年

── エーカー(Acre)教会、メスウォルド(Methwold)教会、ウィックナー(Wickner)教会、
　　　トルネー(Truneh)教会、リーデン(Leaden)教会：2代目サリー伯、1090年

── 南クリーク(South Creak)教会：R.ベロファゴー、創建年度不明

── メロソンビー(Melosonby)教会、ベデール(Bedale)教会、ファービィ(Firby)教会、
　　　キラービィ(Killerby)教会、スコートン(Scorton)教会、アイスキュウ(Aiskew)教会：
　　　リッチモンド伯、創建年度不明

── ウエストブリッグス(Westbriggs)教会：ウォーマゲイのウィリアム2世、1170年代前後

合計75教区教会

図8.3　ノーリッチ司教区における教会寄進と「祈りの連結」
(『クリュニー修道院創建文書』の影響)[60]

8.4.3　ロジャー・ビゴットの修道院創建

　ロジャー・ビゴットは、ノーリッチ司教ハーバート・ロジンガが就任し、当地の司教区改革を開始する前から、前任のノーリッチ司教に完全に密着していた。そしてセットフォードとノーリッチにおいて司教職(bishopric)の代行者のごとくふるまい、司教の所領を保護すると称しては、武力を用いてこれらを獲得した。

　ハーバート・ロジンガはノーリッチ司教に就任すると、ただちに侵奪された聖界所領の奪回と侵奪者に対する裁きに着手した。史料『セットフォード修道院創建文書』は、以下のようにロジャー・ビゴットの裁きの様子を伝えている。ロジャー・ビゴットは、償罪として寄進をする代わりに、埋葬の約束を求めた。

「——永遠の救世主と慈愛に満ちた聖母マリアと使徒ペテロとパウロによって祝福されているクリュニー連合の修道院と、セットフォード荘園の中にある気高く慈愛にみちた聖母マリアに献納された教会の全てに対して、寄進、譲渡、贈与の実行をこの文書で宣言する。」

「——私は全ての家臣と共に寄進をし、そしてその寄進は将来にわたり私の後継者がそれを継続する。それゆえ、私ロジャー・ビゴットは多くを寄進し、そして私自身、妻も我がすべての子供達とすべての子孫達とが死亡したら、聖母マリアの名が付けられているセットフォード修道院に、慈善家・後援者とその親族として埋葬されるよう約束したい。このようにして支配者である先国王ウィリアムが所有していた荘園を除いて、セットフォードのエイルウィが城下に所有する荘園を、神に仕える同修道院とクリュニー連合修道士達のために寄進する。その他の寄進に関して、私がここに献納することについて承認者を指定し、その各々が署名する。」

　ビゴット家2代目ウィリアム・ビゴットが父親の遺産を相続した際には、父親ロジャーが寄進設定した『セットフォード修道院創建文書』はそのまま継続され、さらに彼自身と彼の家臣がセットフォード修道院への寄進設定を行うことに関する確認文書を作成した。これは相続後のウィリアムが生存している間（1108－1120年）、有効であった。

　寄進設定（grants madeまたはmaking grants）とは、用益権留保付寄進と同様に修道院寄進の一つの形態である。例えば、「ブラッドレィ教区教会と聖職禄を寄進設定」とあった場合、同教区教会と教会の土地に付随する聖職禄、その他収益をもたらす諸権利を修道士への定期的収入として寄進する。しかし教区教会と教会の土地の代理権(persona)は手放さないので、土地は継続してビゴット家が所有する。

8.4.4　ノーフォーク州に創建された修道院

　表8.1に、直属封臣によって創建されたセットフォードとカッスル・エーカーの修道院、および再封臣らの祈りの連結によってノーフォーク州に建立された著名な修道院を列記しよう。この他にも、再封臣たちによって修

道院ではないが、多くの教会が建立され、寄進されている。

表8.1　ノーフォーク州に建立された著名な修道院

修道院名	由来
ヒーチャム (Heacham) 修道院	サリー伯ウィリアム・ウォーレンがルイス (Lewes) の聖パンクラス修道院の分院としてヒーチャムに創建。ルイスから院長と数名の修道士が来て定住。
カッスル・エーカー (Castle Acre) 修道院	2代目サリー伯がルイスの分院として 1090 年頃創建。ルイスからは修道士以外に数名の石工も到着、定住したので増築等が容易となり、その地位と名声が上がった。
セットフォード (Thetford) 修道院	1104 年にロジャー・ビゴットによって創建された。ルイスから 12 人の修道士が院長のメルゴット (Melgod) が赴任してきた。
ブロムホルム (Bromholm) 修道院	1113 年に、ウィリアム・グランヴィcoil(William Glanville) が創建。カッスル・エーカーの分院として 7 ～ 8 名の修道士が来住。この修道院には価値の高い聖遺物の十字架があり、奇蹟の数々が伝えられ、巡礼地となった。
スレヴスホルム (Slevsholm) 修道院	3 代目サリー伯によって 1145 年前後にカッスル・エーカーの分院として創建され、院長は常時派遣されてきていた。
ノーマンズバラ (Normansburgh) 修道院	1160 年に、ウィリアム・ライズワイズ (William Lisewise) によって創建され、息子のゴッドフレイ (Godfrey) がカッスル・エーカーに寄進し、3 人の修道士によって運営された。
クラブハウス (Crabhous) 修道院	1181 年頃、レナ (Lena) という女子修道士が運営した。そしてカッスル・エーカーの娘修道院となった。
グスラックス・ストウ (Guthlac's Stow) 修道院	カッスル・エーカーの分院として、1170 年代に礼拝堂も含めて創建された。

参考文献と註

[1]　D. Roffe, From Thegnage to Barony: Sake and Soke, Title, and Tenant-in- Chief, *Anglo-Norman Studies*，12，pp.157-176(1989).
　　　『イギリス史』，川北稔（編），p.49，山川出版社 (1998). など。

[2]　ケント（州）におけるノルマン系諸侯、同騎士らの侵奪については以下を参照。
　　　鶴島博和，所謂 "Norman Settlement" について—ノルマン系騎士とサクソン系在地勢力との支配関係設定をめぐって—，『西洋史学』，123 号，pp.23-24(1982).
　　　また、ケンブリッジ（州）を扱った文献には以下がある。
　　　宮城徹，ノルマン征服と所領形成，『史学研究』，186 号，pp.41-62(1990).
　　　D・ベイツ，ノルマンディとイングランド、900 年－ 1204 年，（朝治啓三・中村敦子翻訳・解説），『関西大学文学論集』、54 巻 1 号，pp.27-48(2004)．特に p.33 を参照されたい。

[3]　V. H. Galbraith, *Domesday Book—Its Place In Administrative History*，p.19，pp. 56-64，Oxford University Press(1975).
　　　リトル・ドゥムズデイ・ブック (LDB) は、イースト・アングリア調査使節団の 7 名が記録に携わった。詳細な内容になっていて、1066 年当時の統計値およびその後

1086年にわたっての統計値が記録され、各項目の変化が詳しく読み取れる。農民および彼らが誰に臣従の義務を持っていたかを詳細に記録していること、直営の家畜の数について報告されていることなどが、1人の人間によってまとめられたグレイト・ドゥムズデイ・ブック (GDB) と大違いである。

[4]　V. H. Galbraith, *op. cit.*, p.155.

[5]　A. Rumble ed., *Domesday Book 32 Essex*, Notes 90, Invasiones（英訳ではAnnexationsとなっている）, Phillimore(1983).

[6]　G. Munford, *An Analysis of the Domesday Book of the County of Norfolk*, p. 57, J. R. Smith(1858).

[7]　ノーリッヂの発音については、ノーリッヂ (nôr'ij)、ノーリッチ (nôr'ich)、ノリッヂ (nor'ij)、ノリッチ (nor'ich) の4通りある (R. C. Preble, *Britannica World Language Dictionary*, Vol.1, Funk & Wagnalls(1959) より)。現地では「ノーリッチ」が最も定着しているように思われる。

[8]　*The Anglo-Saxon Chronicle vol II*, B. Thorpe, ed., with a translation, p.192(1861).(Original text written in Old English, p.357.)

[9]　S. A. Reilly, *Our Legal Heritage*, Indy publish(2002).

[10]　topographyについては、次のように説明されている。
一地方の地勢（図）。地理学よりずっと小さい地域に関して用いる（『新グローバル英和辞典』より）。
一地方の社会・経済・文化などの構造的特徴（『プログレッシブ英和中辞典』より）。
地形・地質の人手での改質地域（田畑・都市）の詳細な地図（英辞郎on the webより）。

[11]　鶴島博和, ロチェスタ・ドゥームズデイ・ブック (Rochester Domesday Book)―その系統的解明と編集―, 『中世イングランドの社会と国家』, イギリス中世史研究会（編）, p.367, 山川出版社 (1994).

[12]　J. M. Wilson, *The Imperial Gazetteer of England and Wales*(1872).

[13]　A. Doubleday and W. Page, ed., *The Victoria History of the County of Norfolk*, Vol. 1, pp.1-29, Constable(1901).

[14]　J. N. Jennings and J. M. Lambert, The Origin of the Broads, *The Geographical Journal*, 119, p.91(1953).
ブロードに関する総合報告は次の通り。
J. M. Lambert, J. N. Jennings, C. T. Smith, G. Green and J. N. Hutchinson, *The making of the Broads: A Reconsideration of their Origin in Light of New Evidence*, Royal Geographical Society, Research Series, No. 3, pp. 1-153(1960).

[15]　D. Roffe, *op. cit.*, pp.157-176.

[16]　G. Munford, *op. cit.*
Godric Dapifer（イングリッシュ、セイン、王領地管理人）、Godric Halden（サクソン、セイン）、Rabel Artifex（サクソン、セイン）、Hagon（サクソン、セイン、代官）、Ralph（サクソン、セイン、Hagonの息子）、Tovi（サクソン、セイン、州長官）、Ulchetel（イングリッシュ、セイン）、Starcolf（デーン、セイン）、Alured（サクソン）、Aldit（サクソン）、Isac（ユダヤ、金貸業）、Ivikel（デーン、司祭）、

Colebern（サクソン、司祭）、Berner（サクソン？、石弓射手）、Gilbert（サクソン？、石弓射手）、Ralph（サクソン？、石弓射手）、Robert（サクソン？、石弓射手）、Edric Accipitarius（イングリッシュ、王の鷹匠）、王の自由人（サクソン）に雇われた者9名、王の自由民（サクソン）17名。

[17] G. Munford, *op. cit.*, p.26.

[18] G. Munford, *op. cit.*, p.100.

[19] F. Blomefield, *An Essay Towards a Topographical History of the County of Norfolk*(1740).
Blomefield は彼について、当州に 25 荘園を所有し (Vol.vii, p.321.)、後に侵奪を含めて 42 荘園を数えることができる、といっている (Vol.vii, p.493)。

[20] G. Munford, *op. cit.*, p.88.

[21] G. Munford, *op. cit.*, pp.79-80.
ドゥムズデイ・ブックでは教会の数は述べられていない。調査当時、存在していた教会はわかっていたが、記録しても意味がないと考えられていた。調査の目的は教会の数を正しく確認することでなく、征服王の目は課税可能な物権に固執していたからである。

[22] S. A. Reilly, *op. cit.*.
ライリーは教会寄進の実体を教会の土地 glebeland に限定している。glebeland は「教会の土地」と訳されるが、その実体は「教会荘園」である。

[23] 聖ベネット・オブ・ホルム修道院の歴史：8世紀半ば頃、デーン人に襲撃された古代修道院跡地に、デーン人のクヌート王が贖罪としてベネディクト派修道院を創建した。その後、エドワード懺悔王に至るまで、王家からの寄進と特権により増大した。

[24] F. M. Stenton, Notes and Document, St. Benet of Holme and the Norman Conquest, *English Historical Review*, Vol.37, pp.225-235(1922).

[25] J. R. West, Ph. D. Thesis, *St. Benet of Holme 1020-1210*, Norfolk Record Society, Vol.2-3(1932).

[26] 鶴島博和, 所謂 "Norman Settlement" について—ノルマン系騎士とサクソン系在地勢力との支配関係設定をめぐって—, 『西洋史学』, 123 号, p.24(1982).

[27] これについては以下を参照されたい。
田巻敦子, ノルマン征服と「悔い改めの法令1070」, 『比較宗教思想研究』, 8 輯 (2008).

[28] 山代宏道, 中世イングランド司教の統治戦略—ハーバート＝ロシンガを中心に—, 『広島大学大学院文学研究科論集』, 66, pp.47-65(2006).

[29] 佐藤伊久男, イギリス封建制の発達過程における政治的権力構造, 『史学雑誌』, 74 編4号, pp.19-20, pp.387-388(1965).

[30] J. Morris ed.,*Domesday Book*, 174b, Phillimore(1984).

[31] D. R. Roffe, Thenage to Barony: Sake and Soke, Title, and Tenant-in-chief, *Anglo-Norman Studies*, 12, pp.156-157(1990).

[32] S. A. J. Atkin, The Bigod Family:　An Introduction into their lands

and activities,1066-1306, University of Reading, unpublished Ph. D. Thesis, p.19(1979).

[33] C. Rawcliffe and R. Wilson, ed., *Medieval Norwich*, p. xxix, A&C Black (2004). イースト・アングリア地方史研究の「トポグラフィカル歴史分析」には伝統があり、F. Blomefield, *op. cit.* に始まる。個々の史料や史跡・遺跡の調査から歴史地図 (historical atlas) が作られ、検証に利用されるようになった。ノーフォークに関する歴史地図はこうした伝統的研究方法を背景に膨大な量が集積されている。1797年初刊の Faden's Map of Norfolk が 2005年に復刻され、また A. D. McNair, *Digital Redrawing of Faden's 1797 Map of Norfolk*, Andrew Macnair(2005) が出版された。

[34] T. Ashwin and A. Davison, ed., *An Historical Atlas of Norfolk*, p.9, Phillimore (2005).
H. C. Darby, *Domesday Geography of Eastern England*, Cambridge University Press(1952).
The Countryside Agency, *Countryside Character Vol. 6 East of England*(1999).
B. Orne and E. Orne, *Flint in Norfolk Building*(1984).
S. W. Martins, *A History of Norfolk*, Phillimore(1984).

[35] W. Shephered, *Flint, Its Origin, Properties and Uses*, Transatlantic Arts(1972). フリント (Flint) とは和名「火打ち石」のことを指す。

[36] 田巻敦子・池上忠弘, アングロ・サクソン時代の教会区制度と教区司祭, 『成城文芸』, 160号, p.29(1997).
D. P. Mortlock and C. V. Roberts, *The Popular Guide to Norfolk Churches: Norwich and Central and South Norfolk*, Lutterworth Press(1985).

[37] S. W. Martins, *op. cit.*, p.31.

[38] B. M. S. Campbell, The Regional Uniqueness of English Field System? Some Evidence from Eastern Norfolk, *Agricultural History Review*, 29, pp.16-28(1981).

[39] B. M. S. Campbell, The Complexity of Manorial Structure in Medieval Norfolk: Case Study, *Archaeology*, 39, pp. 225-261(1986).

[40] A. Davison, *Deserted Villages of Norfolk*, Poppyland Publishing(1998).

[41] J. N. Jennings and J. M. Lambert, *op. cit.*.
J. M. Lambert, J. N. Jennings, C. T. Smith, G. Green and J. N. Hutchinson, *op. cit.*
T. Pocock, *Norfolk*, Pimlico County History Guides, Random House UK(1995).

[42] Great Britain Historical GIS Project.
Descriptive gazetteer entries for Norfolk(based on J. M. Wilson, *The Imperial Gazetteer of England and Wales*(1872)).

[43] D. Dymond, *The Norfolk Landscape*, Alastair Press(1990).

[44] S. A. J. Atkin, The Bigod Family: An Introduction into their lands and activities, 1066-1306, University of Reading, unpublished Ph. D. Thesis(1979).

[45] Great Britain Historical GIS Project, *op. cit.*.

[46] L. J. Rogier, R. Aubert, M. D. Knowles, eds., *The Christian Centuries. A New*

History of the Catholic Church, Vol.2, The Middle Ages, McGraw-Hill Book Company(1968).

M. D. ノウルズ他, 『中世キリスト教の成立』, キリスト教史 第3巻, 上智大学中世思想研究所（編訳・監修）, p.368, 講談社 (1981).

H. Pluckrose, *Monasteries and Cathedrals*, pp.93-95, Mills and Boon(1975).

[47] 1274年頃に生存していたSprottは、ドゥムズデイ調査がなされたときには、王国内に45011の教区教会があったと主張した。しかし、Sprottの計算は間違っていて、多く見積もり過ぎている、といわれている。(G. Munford, *op. cit.*, pp.80-81)

[48] 修道院を表す語にmonastery（男子）、nunnery（女子）がある。monasteryはまたabbey、prioryでもある。prioryはabbeyの流れをくむ派生修道院の意味。イングランドにあるクリュニー派修道院は全てprioryである。なぜなら同派の修道院(abbey)と修道院長(abbot)はフランスのクリュニーにしかないからである。prioryを小修道院と訳す場合もある。

[49] C. J. W. Messent, *The Monastic Remains of Norfolk & Suffolk*, H. W. Hunt(1934).

[50] A. Mee, *The King's England: Suffolk Our Farthest East*, Hodder and Stoughton (1941).

[51] J. Morris, ed., *op. cit.*, 174a.

[52] Norfolk Archaeological Unit, *A Late Saxon and early medieval site at Mill Lane, Thetford*(1995).

[53] F. M. Stenton, *op. cit.*, p.230.

[54] 米川伸一, 『イギリス地域史研究序説』, p.78, 未来社 (1972).

[55] F. M. Stenton, *op. cit.*, p.225.

[56] 保有地を持たない彼らのことをドゥムズデイ・ブックでは "freemen" としている。従来の解釈では、自由農民の中に自由民とソックマンを含めたが、最近、Phillimore社の現代英語訳のドゥムズデイ・ブック(J. Morris, ed., *op. cit.*) では、自由民の中にソックマンが含まれる、という考え方に変わっている。当時は耕す、掘り起こす、開墾する、採掘する、運び出す、選別する、これらは全て農作業として、区別がなかったのであろう。

[57] F. M. Stenton, *op. cit.*, p.228.

[58] J. Morris, ed., *op. cit.*, 174b(Repps), 180a(Thrigby).

[59] D. H. Roffe ed., *The Norfolk Domesday*(2000). これについての講義テキスト (2005年5月31日、ノーリッチ、アッセンブリハウスにて) より。

[60] J. H. Bullock, ed., *The Norfolk Portion of the Cartulary of the Priory of St. Pancras at Lewes*, Norfolk record Society(1939).

R. Le Strange, *Monasteries of Norfolk*, Yates Publications(1973).

F. J. E. Raby and P. K. B. Reynolds, *Castle Acre Priory*, H.M. Stationery Office(1936).

第9章

ハーバート・ロジンガの
司教区改革

9.1　はじめに

　ハーバート・ロジンガ（Herbert de Losinga、在位1091 − 1119年）が司教座をセットフォードからノーリッチへ移動したのはなぜか、司教座聖堂と聖堂付属修道院を創建したのはなぜか、等々。研究史を顧みて特に注目されるのは、これら動機の違いによって、ハーバート・ロジンガの司教区を巡る歴史的評価がそれぞれ大きく異なっていることである [1]。

　ペステルは、「司教ハーバートが権威を獲得し、社会的支配を確立するために果たした広範囲の政治運動」という見方をしている [2]。わが国では、山代宏道氏がペステルの見解に依拠しつつ、ハーバート・ロジンガの司教区統治に政治的意図と戦略を見出している [3]。これに対し近年、中世の宗教的生活を司牧 (pastoral care) から解き明かす研究が見受けられる。キャンベルは、司牧の中でも告解の重要性を取り上げている [4]。また、セイモアは、ハーバート・ロジンガの活動を、教区民のために教育を施すシステムを作ったこと、教区民への司牧の配慮など宗教的生活に重点を置いたもの、と考えた [5]。

　確かに司教ハーバート・ロジンガの司教区改革に関する論説では、時代の背景にある告解制度にほとんど触れられていない。既に10世紀には、復活節の聖体拝領の準備として、四旬節に告解を行うことを信徒に要求することが、北西ヨーロッパにあまねく、一般的に行われていた。また、もう一つのよく知られた慣わし、つまり贖宥が日常茶飯のことになっていた [6]。

　11世紀から12世紀にかけては贖宥の概念が定着し、告解が制度化しつつあった。イースト・アングリアはローマから遠く離れていたとはいえ、1司教区の司教がローマ教皇と教皇庁の動向に無関係でいられたはずはない。そこで、高位聖職者である司教のイースト・アングリア司教区改革を、ローマ教会の教義と教会法に沿って教会史的側面より検討したい。

　本章は以上のような問題関心に基づき、ハーバート・ロジンガの説教と書簡を分析するものである。以下、行論においては①ハーバート・ロジンガの司教区改革の目的、②時代背景としてローマ教会の告解制度、③ハーバート・ロジンガの司教区改革の神学的論拠、④改革の実施、の各課題に

沿って実証的検討を行う。

9.2　司教区改革の目的

　まず、イースト・アングリアが改革を必要とした状況について明らかに
しておこう。イースト・アングリア司教区はノーフォーク州とサフォーク
州で構成され、かなり後になってからノーリッチ司教区と称された [7]。

　ノーフォークのドゥムズデイ・ブックには侵奪者16名が記載されてお
り、全てノルマン系諸侯である。第8章でも述べたが、その筆頭にあるハー
マー・ド・フェレーズ (Hermer de Ferrers) は、この州の自由民の土地を
最も多く不法に侵奪した人物として記され [8]、ノルマンディ公ウィリア
ムを取り巻くノルマン諸侯のうちでも獰猛、暴虐な一人であった。彼は
1086年後も侵奪を続け、「侵奪者ハーマー (Invathio Hermeri)」の異名を
持つ。ノーフォークにおける宗教的儀式が行われていた場所の分布を見る
と、アーシャム、北グリーンホゥ、グリムスホゥ、フリーブリッジ・マー
シュランドの各ハンドレッドには村落に1つずつ教区教会があり、その一
方、クラッククローズ、デプウェード、ギャロウとヘンステッドの各ハン
ドレッドには集落の数に比べて多数の教会があった [9]。ハーマーの所領分
布は教会が多い地域に集中しており、彼の侵奪のねらいは集落よりも教会
の土地 (glcbcland) であったことがわかる。

　また、ロジャー・ビゴットと家臣は聖ベネット・オブ・ホルム修道院を
襲い、所領とそこで働く自由農民、農奴、小屋住農、奴隷全てを侵奪した。
これに関しては既に前章で述べた [10]。そして、ノルマン征服直後から、
バイユー司教オドをはじめとするノルマン系諸侯たちは、古い歴史を持つ
修道院など聖界所領を激しく侵奪した。

　ハーバート・ロジンガは司教区改革に際して、武力に上回る教会の絶対
的な力をもって、これらノルマン系諸侯らに侵奪された聖界所領を奪回し
なければならなかった。そして、奪回した土地を改めて聖界所領に再編成
するためには、政治行政の力が必要であった。ハーバート・ロジンガの運

動に、統治戦略の要素を感じるのはそのせいであろう [11]。

　前述の通り、ノルマン征服後のイースト・アングリアでは、教区教会は
ノルマンの侵奪者たちの資産の一部となっていた。ノルマン人の領主には
司祭推挙権があり、正規の教区司祭が任命されることはなかった [12]。教
区民は礼拝を守る場所を奪われ、前エドワード懺悔王下の幸せな教会生活
は失われていた。同様に修道院が襲撃されると、修道士たちは離散の憂き
目にあった。このように小教区 (parish) の司牧者を養成する機能が失われ、
ひいては小教区における司牧 (pastoral care) が衰退していたのである。

　キャンベルは、中世教区教会における司牧の内容として「教区司祭の教
育と編成」「説教と信仰の指導」「秘跡と典礼」「告解と償罪」を挙げている
[13]。また、セイモアは、司教ハーバートの書簡全57通のうち30通に司
牧への配慮があると指摘している [14]。ハーバート・ロジンガの最終的な
目標は、ノルマンの無法者、行き場のない修道士、司牧者を失った教区民、
これら善も悪も包括したイースト・アングリア全体のキリスト教徒の信仰
復興であったと思われる。

9.3　ローマ教会の告解制度

9.3.1　告解と贖宥の神学的論拠

　以下は、1998年11月29日付の読売新聞記事からの引用である。

"贖宥を求める信者は禁酒か禁煙の実践を―。1998年11月27日、ローマ
法王ヨハネ・パウロ II 世は、西暦2000年をカトリック教徒に〈贖宥〉を与
える「聖年」とする大勅書を発表した。その中で、「不必要な消費を慎む」
ことでも贖宥は得られるとして、「聖年」の間に少なくとも一日は、酒かた
ばこを絶つよう呼びかけた。大勅書は法王文書で最高形式のもの。しかし、
大勅書を公表した記者会見で、バチカン2000年委員会のセーペ事務局長
は、「単に禁酒、禁煙するだけで天国に行けると考えるのは、贖宥の理念に
反する」と指摘、これらの行為に至るまでの内省の重要性を強調し、贖宥

を安易に期待することにクギを刺した。"

　この記事からもわかるように、贖宥は今日でもローマ教皇から発せられている。同時にローマ教皇庁は、いつも「贖宥の理念」を云々し、罪を免じるわけではない、とクギを刺すことを忘れなかった。しかし、このローマ教会の態度が、900年を経てもなお、贖宥というものをわかり難くしているのも事実である。「贖宥の理念」とは何なのであろうか。

　ローマ教会が贖宥の神学的論拠とするのは、「鍵の権能」の教理である。鍵の権能とは、聖ペテロとその後継者に託された「罪とその罰を赦す権能」で、以下に示す聖書の聖句から「繋ぎかつ解く権能」ともいわれた[15]。「わたしも言っておく。あなたはペテロ。わたしはこの岩の上にわたしの教会を建てる。陰府の力もこれに対抗できない。わたしはあなたに天の国の鍵を授ける。あなたが地上で繋ぐことは、天上でも繋がれる。あなたが解くことは、天上でも解かれる。」(マタイによる福音書16・18〜19)[16]

　11・12世紀のペテロとその後継者たち、すなわちローマ教会は、以上の聖句から、最終的には信徒を「罪からも罰からも (a culpa et a poena)」赦した[17]。これが贖宥である。しかしながらローマ教会は、もう一方の「繋ぐ権能」すなわち信徒に告解を要求する権限をも授かっている。このことを我々はつい見落としがちである。告解とは、聴罪の資格をもった聖職者 (confessor) に向かい、自己の犯した罪を心で痛悔 (contrition) し、その罪を残らず全て口で告白 (confession) し、聴罪司祭が科すところの手または身体で罪の償い (satisfaction) を果たす、この一連の手順による宗教的儀式をいう[18]。告解はまた悔い改め (penitence) とも称され、七秘跡の中に「悔悛の秘跡」として含まれる。

　ローマ教会は神から与えられている「繋ぐ権能」によって信徒に告解を要求し、告解に応じない者を破門にした。破門をちらつかせて脅すことも正義であった。同時に、ローマ教会は「解く権能」によって信徒を「罪からも罰からも」赦すことができた。これが贖宥である。我々は告解と贖宥を別々に論じがちであるが、中世において「繋ぎかつ解く権能」は一体であったと考えられる。

9.3.2　告解の制度化

　告解制度は11世紀から12世紀にかけて定着したと考えられる。ここでは、歴代の教皇による告解の制度化の様子を、イースト・アングリア司教区改革の時代背景として、概観する。

教皇アレクサンデル2世時（1061－1073年）

　刑罰であり、強制的かつ宗教上有益である償罪と贖宥の概念は長らく続いた。しかしその外面上の審判と内面上の審判との間には、結果として混乱が生じていた。1056年にトゥルーズ公会議は、償罪を遂行しようとしない全ての偽誓者、姦通者そして近親相姦の関係をもった者たちを破門すると脅迫した。キリスト教徒の戦士たちに対する最初の贖宥状は、1063年にアレクサンデル2世によって発行されたものであった[19]。その後1065年に、戦争で殺りくを犯した者に科した償罪を「国外追放」に減刑した。

　9世紀後半から11世紀の間に改革を行っていた教皇たちは、償罪を厳格に処方した。典型的な例としては、1065年に従姉との性的関係を告白した男に対して、14年間の償罪がアレクサンデル2世によって科されたことである。より厳しいものとしては、神の真実（Truth of God、暴力が禁止されている祭日）の期間に殺りくを犯した者に対して、ソアッソン司教アデラードが、30年間の償罪を科したことが挙げられる[18]。

教皇ウルバヌス2世時（1088－1099年）

　ウルバヌス2世は、第1次十字軍に特別な贖宥を与えた。教皇は1095年11月27日にクレルモン公会議で、集まった大勢の司教と大修道院長を前に次のような演説を行った。「……社会のあらゆる階級の人々、騎士であろうと歩兵であろうと、金持ちであろうと、貧者であろうと、あらゆる人々を説得し、遅れることなくキリスト教徒の救済に赴かせ、あの不吉な民族を我々の領土から追い出そうではないか。……救済活動に出発し、途中の陸地や海上で死亡した者、あるいは異教徒と戦って命を落とした者には全員に罪の赦しが与えられる。私は、神から授かっている権限をもって、救援の旅に参加した者たちを赦免する。……」[20]。

　実際には教皇は、告解室において聴罪司祭によって科された償罪を、忠実な信者に対してだけ免除した。それにもかかわらず、教皇の真に意図したものは何であったかということは少しも明らかにされず、罪の償いよりもむしろ罪の赦しに論及しているように受け取られた [21]。

教皇パスカリス２世時（1099－1118年）

　1100年頃、グランの２つの公会議が示している通り、いかなる刑罰が完全な償罪になるかは、まだ定まっていなかった。司教たちは強制的な償罪の目的のために、各市町村に２カ所、拘置所の建設を命じられた。また、魔術を使うとの有罪宣告を受けた者にも、教会法令に基づいて償罪が強いられた。その他、もし告発した者がその告発を立証できなかったならば、彼は同様な償罪に従わなければならないとされた。

　夫を無視したり不倫をなしたりした場合には、貴族の女性に対しては長期の償罪が強制され、庶民層の女性は奴隷として売られる定めであった。祭日を乱した場合は、自由民には３日間の償罪、農奴には鞭打ちの刑罰が加えられた [22]。

教皇アレクサンデル３世時（1159－1181年）

　一般のキリスト教信徒は、贖宥とは罪に対し神によって科される刑罰の全てを免除するものであると考えていた。教会側はその考え方を長い間肯定しなかったが、聖ベルナドゥスと教皇エウゲニウス３世（在位1145－1153年）が忠実な信者たちの熱望に応じた。これには80年という長い期間を費やし、最終的な決定はアレクサンデル３世によってなされたようである。彼の十字軍についての回勅（教皇が全司教に発令する文書）は、エウゲニウス３世の方針に従っていた。また、1169年の大勅書(Inter Omnia)において、贖宥は単に「聖職者によって科された償罪の免除」として定義されたのである [21]。

9.3.3　告解と償罪の変遷

　償罪(penance)には罪の償いの行為、悔い改めの行為、刑罰、鞭打ちの

苦行、断食などさまざまな意味合いがあるが、中世イングランドでは独特の償罪が行われていた。罪びとが教会の前や広場などでストック (stocks) に手足を繋がれ、道行く人はこれを見たら、雑言や石、腐った野菜等、汚物を投げつけなければならないというもので、ノルマン征服後ノルマン人によって持ち込まれ、広まった [23]（図9.1）。ノルマン人は侵奪に際し、土地、荘園だけでなく、そこで働く自由農民、農奴、小屋住農、奴隷の確保に熱心であった [10]。したがって、これは重要な労働力である人的資源を殺さず、身体に損傷を与えないように、しかし見せしめになるように生み出された償罪であろう。聖界領主である司教や修道院長も同じ考えを持っていたと思われ、第7章で詳述した「悔い改めの法令1070」に定められている「40日間の償罪」「毎週1日の償罪」「3年間の償罪」等は、ストックに繋がれる刑であろうと想定される。

IN THE STOCKS.

図9.1 ストックに繋がれた罪びと（文献[23]より引用）

　ノルマン征服後に発せられた「悔い改めの法令1070」は、各司教区の司教がイングランドの侵攻と侵奪に関与したノルマン人を裁く際に用いられ、贖罪規定書の役割を果たしたものと思われる [24]。「悔い改めの法令1070」3項には次のようにあった。「もし傷つけたり殺したりした数がわからない者は誰でも、彼の司教区の司教の裁量の下、生涯にわたって毎週1日の償罪を行わねばならない。あるいは、もし、できるならば、教会を建てたりあるいは教会を寄進したりすることによって、永続的な施しとして彼の罪を贖うことができるであろう。」換言すれば、「教会を建てたり、教会を寄進したりすること」は永続的な施しとみなされ、生涯にわたる償罪はこの施しによって代替できる、というのが、11・12世紀イングランドの

司教たちの贖宥の概念であったとらえられよう。

「悔い改めの法令1070」に続き、1072年4月頃、「宗教裁判所ならびに世俗裁判所に関するウィリアム1世の令状」が発せられた [25]。これにより、裁判が宗教裁判所（司教の法廷）と世俗裁判所（ハンドレッドの法廷）とに分離され、各司教区の司教には確固たる司法権が与えられた。とはいえ、教会の司法権は人間生活の広範な領域にわたり、結婚や遺言、また罪の告解や異端に関する裁判など多くの問題を含んでいた。

司教は1年に1回の告解にとどまらず、随時、随意に誰をも司教の法廷に召喚できた。告解には公的告解と私的告解とがあるが、司教の法廷では、公衆の面前で裁く公的告解の手順がとられた。こうして、告解はキリスト教徒に罪を告白する機会を与えたり、彼らの罪を浄化したりするよりは、むしろ司教区内の聖職者の支配を強く主張するものへと姿を変えていった [26]。

9.4　司教区改革の神学的論拠

9.4.1　史料

本節では、ハーバート・ロジンガの説教と書簡から司教区改革の神学的論拠を探ってみよう。ハーバート・ロジンガの書簡集は、マニュスクリプトの形状でブリュッセルにあるブルゴーニュ公爵の図書館で発見された。その後17世紀に写しが作られたが、誤った句読法であることから、ラテン語を理解しない人物の仕事であると指摘されている。直後に他の人物の手で訂正された。これら書簡集はロバート・アンストルゥサー (Robert Anstruther) によって、修道院記録文書と称される同様な一連の労作の一つとしてラテン語で出版された (Brussels: A. Vandale, London: D. Nutt, A.D.1844)。編者は英語に翻訳する必要性について考えていなかったらしい [27]。

説教集はマニュスクリプトから書写された。以前はノーリッチ司教座聖堂にあったが現在はケンブリッジ大学図書館が所蔵している。マニュスク

リプトの1巻は著名な教父アンブロシウス、グレゴリィ、ベーダなどの説教で構成され、他の1巻はハーバート・ロジンガの14の説教で構成される。形態は大きな二つ折版で、上質皮紙に手稿である。少なくとも12世紀半以前に書かれたようである [28]。説教の対象については、信者 (bretheren) に語りかける形になっていることから察して、ノーリッチ司教座聖堂の副司教以下の聖職者、ノーリッチ、ヤーマス、リンの聖堂付属修道院の修道士たち、聖パウロ施療院の修道士たち、その他聖職従事者が考えられる。しかしながら、信者を通して平信徒 (lay) に対する司牧を配慮したものである。

書簡集と説話集は、1878年にノーリッチ司教代理グールバーンとサイモンズ (E. M. Goulburn and H. Symonds) によって英語に翻訳され、オックスフォードとロンドンで出版された。第1巻がハーバート・ロジンガの生涯と書簡、第2巻が説教集になっている。これを分析して、司教区改革の神学的論拠を明らかにしてみたい。

9.4.2　ハーバート・ロジンガの説教

ハーバート・ロジンガの説教は大きく分けて、①聖書を引用する、②古典から聖父たちの聖書釈義を引用する、③ハーバート・ロジンガ自身の言葉で、指針を示し、導く、の3段階で構成されている。以下、主題ごとに分析してみよう。

「神の国を受け継ぐことはない」と言われた者の魂の救済について説く
聖書
「肉の業は明らかです。それは、姦淫、わいせつ、好色、偶像礼拝、魔術、敵意、争い、そねみ、怒り、利己心、不和、仲間争い、ねたみ、泥酔、酒宴、その他このたぐいのものです。以前言っておいたように、ここでも前もって言いますが、このようなことを行う者は、神の国を受け継ぐことはできません。」(『ガラテヤの信徒への手紙』5章19)
「正しくない者が神の国を受け継げないことを、知らないのですか。思い違いをしてはいけない。みだらな者、偶像を礼拝する者、姦通する者、男娼、男色をする者、泥棒、強欲な者、酒におぼれる者、人を悪く言う者、人

の物を奪う者は決して神の国を受け継ぐことはできません。」（『コリントの信徒への手紙一』6章9・10）

アウグスティヌスの釈義

だが、「神の国をつぐことはない」と言われている者たちは、適切な仕方で悔い改めなければ、その罪を赦されることはない。しかしわたしが、「適切な仕方で」と言ったのは、聖書が非常に重視している施しということにおいて、彼らが乏しくならないためである。主は右にいる者たちには施しの豊かさのみを計算にいれ、左にいる者たちにはその乏しさのみを計算にいれたもうことをあらかじめ告げて、前者には「さあ、わたしの父に祝福された人たち、天地創造の時からお前たちのために用意されている国を受け継ぎなさい。（『マタイによる福音書』25章34）」と言われたが、後者には「呪われた者ども、わたしから離れ去り、悪魔とその手下のために用意している永遠の火に入れ。（マタイによる福音書25章41）」と言われたのである。（アウグスティヌス『エンキリディオン』第2章 信仰と償罪の行為より）[29]

ハーバート・ロジンガの説教

「神の国を受け継ぐことはない」と言われ、「永遠の火に入ってしまえ」と言われた者たちにも救われる道は残されているとして、ハーバート・ロジンガは次の聖句を示した。「水が燃え盛る火を消すように、施しの業は、罪を償う。」（『シラ書』（『集会の書』）3章30）

これがハーバート・ロジンガの有名な「施しの説教」の真髄である。「火と水の説教」と言われることもある。

「罪を浄化する方法」について説く
聖書
「ただ、器の中にある物を人に施せ。そうすれば、あなたにはすべてのものが清くなる。」（『ルカによる福音書』11章41）

聖父キプリアヌスの言葉

そしてそれゆえに、聖父キプリアヌス [30] は施しの慈悲深い行為と貧民救済を熱心に勧めた。そして彼は、貧窮者を救い、苦しんでいる者を助けることが、いかに健全であり有益であるかを気づかせた。そしてそれにより、我々は自分たちの罪を浄化し、そして我々の傷ついた魂を癒すことになるであろう [31]。

ハーバート・ロジンガの説教

このことによって私共が教えられていることは、慈悲深い施しの行為が、罪の悪いそして汚れたところから魂を浄化するために有益である、ということある。また、聖書のいろいろな箇所で、聖霊が同じ教訓を教えておられる。すなわち、慈悲深さと施しの行為はすべての罪を浄化する。そして死から救い出し、魂を暗黒の中に入れて苦しむことのないようにするであろう。貧窮者に対しての私共の施しと慈悲深い行為とが、罪を洗い流し、神に受け入れてもらえるようになり、天罰の災難から私共を救い、そして私共を神の国の子や子孫となさしめてくれるでしょう [32]。

「罪を償う施しの種類は多い」ことを説く
聖書
「ただ、器の中にある物を人に施せ。そうすれば、あなたにはすべてのものが清くなる。」(『ルカによる福音書』11章41)

アウグスティヌスの釈義

したがって、ただ単に餓えている者に食物を与えたり、渇いている者に飲み物を与えたり、裸の者に衣服を与えたり、旅人に宿を貸したり、逃亡者に隠れ家を世話したり、病人や囚人を訪問したり、捕虜を買い戻したり、体の不自由な者を運んでやったり、盲人の手を引いてやったり、悲しんでいる者をなぐさめたり、健康を損なっている者に薬を与えたり、間違った道を歩んでいる者に［正しい］道を教えたり、迷っている者に助言を与えたり、その他、それぞれ困っている人に、必要なものを与えるだけでなく、

罪をゆるす人も、施しをしているのである。

また権力をふるうことを許されている者に鞭を加えて矯正したり、あるいは何らかの訓練によって抑制したりするが、それにもかかわらずその者から傷つけられたり侮辱されたりしたとき、その罪を心からゆるし、あるいは、ゆるされるように祈る者も、施しをしているのである。しかも彼はただ単にゆるしたり、祈ったりすることだけでなく、叱責したり、また何らかの懲戒を加えることにおいても、施しをしているのである [33]。（アウグスティヌス『エンキリディオン』第2章 信仰と償罪の行為）

ハーバート・ロジンガの説教

困っている人に必要な援助をすることは、施しである。罪を赦すことも、施しである。即ち告解に来るようにすべきである。そして結果として下品な悪事を改める義務をはたすべきである [34]。

懲罰を科すことも、施しである。悪事に関与した者、あるいはそれに賛同したり、あるいは罪から逃れようとした者には破門が科せられる [34]。

9.4.3 魂の救済

ハーバート・ロジンガは、ノルマンディのフェカン修道院内で育てられ、学び、神学を修めた。「すべての宗教は魂のために存在する」[35] というアウグスティヌスの言葉を念頭において告解制度のキーワードを考えると、罪びとの側は「罪の告白・悔い改め・償罪・魂の救済」であり、聴罪司祭の側は「繋ぎかつ解く権能・裁き・罪の赦し・魂の救済」である。

告解の究極的な目的は魂の救済である。ハーバート・ロジンガは司教区の組織と人身を一新しようとしたとき、そのことを当然のごとく心得ていたであろう。それゆえ、告解と贖宥に対して、宗教改革後のローマ教皇庁が抱いたような一瞬のためらいとかやましさといったものは一切見られない。それはアウグスティヌスが、「叱責したり、また何らかの懲戒を加えることにおいても、施しをしているのである」と言っているからである。このことは、ハーバート・ロジンガ自身の悔い改めの生活の中で、ゆるぎない信仰と信念の源となったであろう。

9.5　司教区改革の実施

9.5.1　ノーリッチへの司教座移動

　1094年に司教ハーバートは、司教座をセットフォードからノーリッチへ移動した。これに関しては、その理由を巡って検討が加えられてきている。

　イングランド全体で、司教座の移動はノルマン征服前のエドワード懺悔王の治世下からあり、司教レオフリックがクレディトンからエグゼターへ、司教ハーマンがラムズベリーからシャーボーンへ移動している。ノルマン征服後の1071年に司教ハーフェストはエルマムからセットフォードへ、1072年に司教レミギュスはドチェスターからリンカーンに移した。また、ノルマン征服前に司教座移動をした司教ハーマンは、さらに司教座をシャーボーンからソールズベリーへ、司教ピーターはリッチフィールドからチェスターへ、そして司教ステッガントはセルセイからチェチェスターに移した。1087年に司教ロバートは、チェスターからコベントリーへ、1090年に司教ジョンは、ウェールズからバースに移動している。

　セイモアの研究は、セットフォードからノーリッチへの司教座の移動自体が、ハーバート・ロジンガの司教区改革運動 (see movement) であったと理解したものである。司教たちにとって、自分の司教座を小さな町から州の中心地へ移動することは当時の新たな行動様式であったことを、その動機として挙げている [36]。交易で栄え人口が多い町への司教座移動、発展する商業中心地への司教座移動など、経済的理由を指摘する説は根強くある [37]。しかしノーフォークのドゥムズデイ・ブック（1086年）によれば、当時、人口が多い経済繁栄の中心は司教座聖堂があるセットフォード周辺と聖ベネット・オブ・ホルム大修道院があったフレッグ周辺に二分されており、ノーリッチ周辺ではなかった。セットフォードの方が人口も多く、司教座聖堂や市場があり、古代より陶器業やフリント鉱の採掘などで発展し、繁栄していた。

　これら経済的理由説に対して、司教ハーバートの統治戦略や政治的「野心」に帰する説 [38] も、以前よりある。米川は、ノーリッチ聖堂付属修道院所領の多くが元司教座の存在したセットフォード周辺に位置したため、

ノーリッチの周辺すなわちノーフォーク中部の森林地帯に支配の基盤を築く必要が生じたことが理由であるとした[39]。また、エイヤーズは、むしろ司教ハーバートがノーフォーク中部の森林地帯に支配の基盤を築くために、その中心地であるノーリッチに司教座を移した、という見方をしている[40]。

視点を変えて、キャンベルが主張するところの教区民に対する司牧（pastoral care）の問題から考えてみたい[41]。ドゥムズデイ検地当時、ノーリッチを含めたその周辺地域は、ロジャー・ビゴットが占拠していた。ビゴットはノーリッチ城の城代としてその近くのトムランドに居城を構えていたが、これも元アングロ・サクソン貴族の館を奪ったものである。トムランド一帯には"Palace Plain（館の平原）"の地名があり、司教の館もここにあった[42]。

ロジャー・ビゴットの侵略と謀略のせいで、ノーリッチ市民の多くは市の外に居住を移していた。22市民がベリー・セント・エドモンズ大修道院長に所属する町ベックルスに移住し、3市民が他所へ移住した。市内の元アングロ・サクソン貴族スティガントの所有地であった所には39市民と9空き家、前王ハロルドが所有していたソック（soc、封土として与えられる領地）の土地には15市民と17空き家、前王と元貴族の共有地には190の空き家、市壁内でも81の空き家があった。また王が課税をしない自治都市（バラ、borough）にも50の空き家があった[43]。

当時ノーリッチには26教会と28礼拝堂があった[44]。所有者のうち、ウィリアム・ド・ノイエア、ラルフ・フィッツ・イヴォ、ロジャー・ビゴットはノルマン系諸侯である。また、セットフォード司教ウィリアムもノルマン系諸侯の一族であり、ノーフォークに多くの私的所領を獲得した。彼らが教区教会を司牧のために所有していたかどうかは疑わしい。また前述したように、市民は住居を捨てて市の外に避難しており、市民の15の教会と28の礼拝堂が礼拝の場として機能していたかどうかもわからない。

以上のことから、司教ハーバートの司教座移動には、ノーリッチ周辺を占拠しているノルマン系諸侯ら、特にロジャー・ビゴットとその家臣を一掃し、市民を呼び戻しあるべき教会生活を取り戻すことが含まれていた、と見てよいであろう。

9.5.2　ノーリッチ司教座聖堂と聖堂付属修道院の創建

ノーリッチ司教座聖堂

　ハーバート・ロジンガはどのような意図をもってノーリッチ司教座聖堂と同付属修道院を創建したのだろうか。『ノーリッチ聖堂付属修道院創建文書』から分析してみたい。便宜上これをa、b、cの部分に分けてみる。

a：彼（ハーバート・ロジンガ）の罪の償いと赦免のため、彼（ハーバート・ロジンガ）はノーリッチに聖三位一体教会を、ノーフォークとサフォーク全ての教会の母教会とするために創建する。

b：そして国王ウィリアム2世と同ヘンリー1世の命令と容認によって、また大司教アンセルムスと王国内の司教たちおよび貴族たち全ての勧めにより、全ての時代の修道士たちのために、彼（ハーバート・ロジンガ）が創建する。そして彼（ハーバート・ロジンガ）の後継者ら誰からも、これら修道士たちは決して追い出されることがあってはならない。

c：司教に付属されていた全ては、今後、聖三位一体教会に付属される。[45]

　はじめにaの部分にあるハーバート・ロジンガの罪について、説明しておこう。ハーバート・ロジンガがセットフォード司教職に内定したとき、王室礼拝堂付司祭ラヌルフの仲介で聖職売買の話が持ちかけられた。ハーバート・ロジンガはカンタベリー大司教とローマ教皇に相談し、熟慮の末、国王ウィリアム2世に1000ポンドを支払った[46]。その結果として1091年にセットフォード司教職を得ることになった。聖職売買とは、このように司教座を得るために多額の金を支払うことをいい、1068年のジローナ教会会議で禁じられていた。またグレゴリウス改革の推進者たちが害毒とみなしていたのも、「聖職売買」と「ニコライ主義」[47]であった[48]。このことから、ハーバート・ロジンガが大罪を犯したことは明白であった。

　ハーバート・ロジンガは1093年の夏、聖職売買の罪の赦免を求めてローマへ旅立ち、帰国後、自分が聖職売買の罪に堕ち、赦免を求めてローマを訪問したこと、教皇から公式に赦免を得て戻ってきたこと、司教座大聖堂建立は自分の罪の償いのため贖罪の一部であることを公表した。罪を犯し

た者はローマ教会に罪の赦免を請わねばならないこと、その罪を悔いて告白し、その結果、教会から言い渡される罪の償いすなわち償罪を行わねばならないこと、ノーリッチ大聖堂はその贖罪として建てられた、ということを明示した。これは司教が率先して、ノルマン人と教区民に罪を「悔い改め」る手順を具体的にわかりやすく示すことになったと思われる。

図9.2　ノーリッチ大聖堂（W. Fench によるエッチング(1837)）

　1095年、ハーバート・ロジンガはトムランド一帯を大聖堂の敷地として選び、国王ウィリアム2世から建造の許可を得た [49]。ロジャー・ビゴットはトムランド一帯の土地を供出し、ヒューバート・ド・ロスはプラムステッドとベッカムにある保有地全てを供出させられた。大聖堂建立の基礎石はハーバート・ロジンガが置き、次にロジャー・ビゴットとヒューバート・ド・ロスが置いた。従来の研究では、このことは両名が大聖堂建立に貢献した証拠とされてきたが [50]、同司教から両名に対し、贖罪として科されたとも受け取れる [51]。

　ところで、従来のハーバート・ロジンガ研究では解明できない事柄がいくつかあり、それらは「永遠の謎」として片付けられてきた。聖職売買事件もその一つである。ハーバート・ロジンガは、大罪を承知の上でなぜ聖職売買を行ったのか？　11世紀末に1000ポンドという大金は、イースト・アングリア地方の一修道院長が用意できる金額ではない。その大金の出所は？　等々、謎は多い。

　聖職売買は、当初からハーバート・ロジンガと教皇ウルバヌス2世が相談の上、計画されたものとは考えられないだろうか。ローマ教皇は、自分の代理として各国に教皇使節を派遣し、権限を与え、司教区司教たちとの連携を密にしていた。当時、イースト・アングリアはノルマン系諸侯らによって侵奪され、司教座聖堂のあったセットフォード、自治都市ノーリッチ、ヤーマス、リンのほとんどが、ノルマン系諸侯らに占拠されていた。教皇がこうした状況を知らないはずがない。イースト・アングリア司教区を復興するには、なによりもまず司教座を獲得することが先決であった。ハーバート・ロジンガは1093年夏に旅立って翌年3月に帰国するまでの少なくとも6カ月間、ローマに滞在した。滞在中、教皇ウルバヌス2世と綿密な計画が交わされたであろう。これらのことから、1000ポンドの大金の出所は教皇庁であった、と考えられなくもない。

図9.3　ノーリッチ大聖堂の回廊

ノーリッチ聖堂付属修道院

『ノーリッチ聖堂付属修道院創建文書』のbの部分に記されているノーリッチ聖堂付属修道院 (cathedral priory) は、司教座聖堂に併設して創建された。司教座聖堂は1096年に着工し、1100年9月24日に塔の部分を除き落成した。続いて聖堂付属修道院建設に着工し、1106年に落成したようである [52]。ノーリッチ聖堂付属修道院は聖ベネディクト修道会会則に従う60人の修道士で構成され、ハーバート・ロジンガが修道院長を兼任した。この修道院制度と司教制度が結合した形態は、中世ヨーロッパにおいてイングランドに特殊な制度とされている [53]。

ハーバート・ロジンガがやって来た1087年頃、イースト・アングリアにおける特殊な状況とは何であったか。それはノルマン人の修道院襲撃と聖界所領侵奪によって離散させられた修道士たちの存在であろう。当時、行き場を失った修道士たち、生計の途を失い堕落した状態に追い込まれた修道士たちが多数いたものと考えられる。ハーバート・ロジンガの計画は彼らを保護し、ノーフォークとサフォークの教会の教区司祭に養成することであった。このことは、『ノーリッチ聖堂付属修道院創建文書』の「全ての時代の修道士たちのために、同修道院を創建する。これら修道士たちは決して追い出されることがあってはならない」という箇所からも推測されよう。それには、修道士らの生計の維持や修道修学の費用のために安定した収入をもたらす基金を設置しなければならなかった。

中世の教区教会では、聖職禄 (教区の10分の1税、教会のマナ (glebeland) から上がる収益、教区司祭推挙権など) が安定した収入をもたらした。そのため教区教会は、不動産として譲渡されたり、売買されたりした。人々が己の魂の安住のために教区教会に土地を寄進すれば、それが教会のマナ (荘園) となり、後々安定した収益となった。ライリィは、教会の主たる収益実体を、この寄進によって形成されたマナに限定している [54]。しかし、聖職禄全体から見て、マナ収益はその一部にすぎなかった。『ノーリッチ聖堂付属修道院創建文書』のcの部分で、それまで各司教に付属されていた資産の全ては、今後、聖堂付属修道院に付属されるとしている。ハーバート・ロジンガは、ノーフォークとサフォーク全ての教区教会を聖堂付属修道院に従属させ、聖職禄の専有を計ったものと思われる。

　ノーフォーク司教（ノーリッチ移住前）ハーバート・ロジンガの前任者、セットフォード司教ウィリアムは、62人の直属封臣の中で最も強い影響力を保持した。荘園の数は98であるが、評価額では357ポンド7シリング10ペンスで直属封臣中最も多い。また、98の荘園のうち80は司教ウィリアムの私的所領であったが [55]、これらは後に供出させられ、聖堂付属修道院マナになっている。

　10・11世紀において西北ヨーロッパ修道院に存在した修道院長と修道士団の財産分離の習慣は、イングランドの聖堂付属修道院の中にも移植された。カンタベリーやウィンチェスター、シャーボーンなどの聖堂付属修道院では、既に修道士団の共有財産を司教財産から分離しており [56]、ノーリッチ聖堂付属修道院もこれらに続くことになったのである。ノーフォークとサフォークの全てとはいかなかったが、初代ノーリッチ司教ハーバート・ロジンガとその後継司教たちは、聖堂付属修道院専有の教区教会と荘園を増やした。

9.5.3　聖パウロ施療院の創建

　『中世イングランドの施療院』[57] の著者クレイによれば、ハーバート・ロジンガは、在位中に聖パウロ施療院と聖マグダラのマリア癩院を創建したことになっている [58]。ここでは、聖パウロ施療院について述べる。

　聖パウロ施療院は別称 Norman's Spital として知られた。その由来は2つあり、一つはノルマン人の修道士インガルフ (Ingalf) に由来するものである。彼は同院にとって、創建者 (founder)、最初の修道院長 (prior)、最初の施療院長 (master)、代理人 (procurator)、そして資産・資金面の後援者 (benefactor) 等、さまざまに取り上げられている [59]。もう一つは、ノーリッチにある Norman's と呼ばれたマナに由来するものである。当時、ウェンサム川から北側には、Cow's Croft（牛の農場）と呼ばれる肥沃な耕作地が広がっていた。それはノルマン人が侵奪して所有していたマナで、その侵奪者とはインガルフであったと考えられる。

　インガルフはハーバート・ロジンガの法廷に召喚され、公的告解の手順で裁かれ、贖罪として侵奪した土地である牛の農場一帯の寄進を命ぜられ

た。土地の南側には施療院の建物が建てられた。周辺の耕作地は施療院のマナとなり、マナの10分の1税が施療院で働く修道士たちの生計を維持することになった。インガルフは罪を悔い改め、資産全て寄進を申し出たのであろう。そして彼自身も信仰を告白し、修道士になって施療院で働くことを志願したものと想像される。インガルフはやがて同修道院長になったと記録されている[60]。

　ハーバート・ロジンガは、当初から聖パウロ施療院を修道士らの「悔い改め」の生活の場、すなわち修道として「施しの業」を行う場と考えていたと思われる。既に述べたように、ハーバート・ロジンガが説教で修道士たちに科している「施しの業」は以下の2種類であった。

「餓えている者に食物を与え、渇いている者に飲み物を与え、裸の者に衣服を与え、旅人に宿を貸し、体の不自由な者を運んでやり、盲人の手を引いてやり、健康を損なっている者に薬を与えるなど、困っている人に必要な施しを行いなさい。」

「間違った道を歩んでいる者に［正しい］道を教えたり、迷っている者に助言を与えたり、その他、罪をゆるす人も、施しをしているのである。すなわち、人々に告解を行いなさい。」

　これに基づいて、聖パウロ施療院の修道士たちは収容者の世話の他に広く教区民の告解を引き受けた。これは同施療院のその後の歴史を見ると明瞭である。2代目ノーリッチ司教エヴェラードは、同施療院へ寄進する者全てに40日間の贖宥を与えた。施療院の告解は礼拝堂で行うのが常であったが、大勢が押し寄せたので、司教エヴェラードは施療院の建物から分離して教区教会を建てた。

　このようにして聖パウロ施療院には、贖宥を求める人々によってさまざまな土地といくつかの教区教会が寄進された。各教区教会は、オームスビィにある聖マーガレット、聖ペテロ、聖ミカエル、聖アンドリューが寄進され、マーシャム、ブリックリン、オームスビィ、フィルビィ、ブロフィールド、ベクトン、ソープ、トロゥゼ・ニュートン、ランガムおよびターヴァラム、前述したノーリッチにあるNorman'sと呼ばれたマナ、これらの10分の1税もしくはその一部によって、施療院の経営は維持されたのである[61]。

181

9.6　おわりに

　以上、初代ノーリッチ司教ハーバート・ロジンガの司教区改革を、11・12世紀ローマ教会の告解制度に位置づけして考察した。ハーパービルは、当時、司教ハーバート・ロジンガの説教「水が燃え盛る火を消すように、施しの業は、罪を償う」が、考え方の一般的風潮としてあったことを認めている。ただし、俗界貴族たちが自分の所有する教区教会を修道院へ寄進することを記録した多数の認可状 (charters) には、寄進の背後にある（はずの）信仰的な感情がほとんど示されていない、という [62]。そして寄進は、寄進者自身の魂の救済のため、またその妻、息子、父母、そして親族、友人の魂の救済のためになされることが記されている。これについてはコーニーが修道院寄進の理由の第1位に挙げている [63]。

　本稿では、ハーバート・ロジンガがイースト・アングリア司教区改革に当たり、自分に与えられている司法権と告解制度を活用したことについて述べてきた。例えばノルマン人の侵奪者を司教の法廷に召喚し、公的告解の手順で裁き、贖罪として侵奪した土地を寄進させるという手法、そしてさらにその土地の上に修道院や施療院などキリスト教建造物を建てて寄進させる手法である。ノーリッチのトムランド一帯を占拠していたロジャー・ビゴットとヒューバート・ド・ロスがノーリッチ司教座聖堂と聖堂付属修道院の敷地と建物を寄進したことしかり、セットフォードのセット川の両側に土地を占拠していたロジャー・ビゴットがセットフォード修道院を創建したことしかり、ノーリッチの聖パウロ施療院におけるインガルフしかり、である。

　以上のことから、彼らの修道院創建文書、または同寄進文書にある文言「誰々の魂の救済のために寄進する」という文言は、公的告解あるいは私的告解の場において生じたものと思われる。告解の究極的な目的が魂の救済にあることについては前に述べた。したがって、これは聴罪司祭が告解の場で頻繁に使っていた文言かもしれない。

　ところで、寄進文書は聖界側・俗界側のどちらが作成したのだろうか。味も素っ気もない寄進文書は、しばしば研究者が指摘するところである。

それは俗界の寄進者にとって不本意な寄進が、贖罪として命ぜられることがあったということを物語っていよう。

参考文献および註

[1]　大聖堂創建900周年の記念事業として、以下が刊行された。以後の中世ノーリッチ研究、ハーバート・ロジンガ研究は、この大著を新たな出発点としている。
I. Atherton, E. Fernie, C. Harper-Bill and H. Smith, ed., *Norwich Cathedral—Church City and Diocese, 1096-1996*, Hambledon Press(1996).

[2]　T. Pestell, Monastic foundation strategies in the Early Norman diocese of Norwich, *Anglo-Norman Studies*, Vol. 23, pp.199-229(2000).

[3]　山代宏道, 中世イングランド司教の統治戦略—ハーバート＝ロシンガを中心に—, 『広島大学大学院文学研究科論集』, 66巻, pp.47-65(2006).

[4]　pastoral care とは、司教や司祭が教区民に対して与える信仰上の導き、手助けなどを指す。本稿ではこれを「司牧」と訳す。
W. H. Campbell, *'Dyvers kyndes of religion in sondry partes of the Ilande' : The Geography of Pastoral Care in Thirteenth-Century England*, PhD. Thesis, University of St. Andrews, 1.6: Confession and Penance in the Parish, pp.64-77(2006).

[5]　D. Seymour, *Herbert de Losinga, Bishop of Thetford and Norwich 1091-1119*, Thetford Grammar School, pp. 1-19(1996).

[6]　M. D. ノウルズ他, 『中世キリスト教の成立』, キリスト教史 第3巻, 上智大学中世思想研究所（編訳・監修）, p. 246, 講談社 (1981).

[7]　田巻敦子・池上忠弘, アングロ・サクソン時代の教会区制度と教区司祭, 『成城文芸』, 160号, pp.29-47(1996).

[8]　P. Brown, ed., *Domesday Book, Norfolk*, Vol. 2, 66 Annexations, Phillimore(1984).

[9]　G. Munford, *An Analysis of the Domesday Book of the County of Norfolk*, London, p. 88, 100, J. R. Smith(1858).

[10]　田巻敦子, ノルマン諸侯ロジャー・ビゴットの所領形成の一側面—「聖ベネット・オブ・ホルム修道院領の侵奪リスト」を通して—, 『お茶の水史学』, 51号, pp.1-31(2008).

[11]　山代宏道氏は、ハーバート・ロジンガの司教区改革を統治戦略の視点でとらえている。山代宏道, 前掲書。

[12]　田巻敦子・池上忠弘, ノルマン征服下のイングランドにおける俗界所領の教区司祭, 『成城文芸』, 162号, pp.47-71(1998).

[13]　W. H. Campbell, *op. cit.*, p.iii.

[14]　D. Seymour, *op. cit.*, p.15.

[15]　「繋釈権」ともいう。

M. D. ノウルズ他，上智大学中世思想研究所（編訳・監修），前掲書p.247，p.259
の註7.

[16] 以下，聖句については、以下より引用。
　　　『聖書・新共同訳』，日本聖書協会 (1990).

[17] H. C. Lea, *A History of Auricular Confession and Indulgence in the Latin Church*,
Vol.3, Indulgences, pp.78-79, Greenwood Press(1968).

[18] H. C. Lea, *op. cit.*, Vol.2, Confession and Absolution, p.112, New York(1968).

[19] L. Rily-Smith and J. Rily-Smith, *The Crusades, Idea and Reality 1095-1274*, p.100,
Hodder Arnold(1981).

[20] ジョルジュ・タート，『十字軍』，南修郁子・松田迪子（訳），pp.134-135，創元社
(1993).

[21] L. Rily-Smith and J. Rily-Smith, *op. cit.*, p.101.

[22] H. C. Lea, *op. cit.*, Vol.2, p.118.

[23] C. W. Airne, *The Story of Saxon and Norman Britain told in pictures*, p.50, 52,
Sankey Hudson & Co.(1930).

[24] 田巻敦子，前掲，p.21.

[25] D. C. Douglas & G. W. Greenaway, ed., *English Historical Documents Vol.2
1042-1189*, p.604, Eyre & Spottiswoode(1953).
この令状に関しては2種の複写が保存されており、一つはリンカーン大聖堂の古い
記録集に、もう一つはロンドンのセント・ポール大聖堂の記録集にある。これは多
数回にわたって模写された証拠があるという。

[26] 田巻敦子，ノルマン征服と「悔い改めの法令1070」，『比較宗教思想研究』，8輯，
pp.1-28(2008).

[27] E. M. Goulburn and H. Symonds, *The Life, Letters and Sermons of Bishop Herbert
de Losinga, Vol.1. The life and letters*, Appendix H, Parker and Company(1878).

[28] E. M. Goulburn and H. Symonds, *The Life, Letters and Sermons of Bishop Herbert
de Losinga, Vol.2. Sermons*, Preface, Parker and Company(1878).

[29] 『アウグスティヌス著作集』第4巻，松赤木善光（訳），p.272，教文館 (1979).

[30] 聖キプリアヌス (200－258年)、カルタゴの司教、ローマ皇帝の迫害による殉教者。

[31] E. M. Goulburn and H. Symonds, *op. cit.*, Vol.2., p.27.

[32] E. M. Goulburn and H. Symonds, *op. cit.*, Vol.2., p.26.

[33] 『アウグスティヌス著作集』第4巻，前掲書，pp.273-274.

[34] ハーバート・ロジンガの書簡No.35。セットフォードの修道士たちに宛てたもの。
E. M. Goulburn & H. Symons, *op. cit.*, Vol.1, p.173.

[35] アウグスティヌス「信の効用 第2章 真の宗教を求めて」の一節。
『アウグスティヌス著作集』第4巻，前掲書，p.37.

[36] D. Seymour, *op. cit.*, pp.1-19.

[37] D. Wollaston, Herbert Losinga, I. Atherton, E. Fernie, C. Harper-Bill and H.
Smith, ed., *op. cit.*, p.25.

[38] T. Pestell, *op. cit.*, pp.199-229, p.205.

[39] 米川伸一,『イギリス地域史研究序説』, p.115, 未来社 (1972).

[40] B. S. Ayers, The Cathedral Site before 1096, I. Atherton, E. Fernie, C. Harper-Bill and H. Smith, ed., *op. cit.*, pp.70-71.

[41] W. H. Campbell, *op. cit.*, pp.13-81.

[42] D. Wollaston, Herbert de Losinga, I. Atherton, E. Fernie, C. Harper-Bill and H. Smith, ed., *op. cit.*, pp.23-25.

[43] B. S. Ayers, *op. cit.*, pp.59-72.

[44] G. Munford, *op. cit.*, p.109.

[45] C. Haper-Bill, ed., *English Episcopal Acta VI Norwich 1070-1214*, pp.9-10, British Academy(1990).

[46] S. Yaxley, *Herbert de Losinga*, p.4, Larks(1995).

[47] ニコライ主義とは聖職者の不身持を表す名称で、起源は不詳。

[48] M. D. ノウルズ他, 上智大学中世思想研究所（編訳・監修）, 前掲書p.320.

[49] D. Wollaston, *op. cit.*, p.23-25.

[50] H. W. Saunders, *An Introduction to the Obedientiary & Manor Roll of Norwich Cathedral Priory*, p.346, Jarrold and Sons(1930).

[51] この他、土地の提供者に Ranulf FitzGodric の名もある。
D. Wollaston, *op. cit.*, p.24.

[52] 全建物が完成したのは1145年で、2代目司教エヴェラード (Everard de Montgomery) のときである。
R. Gardiner, *The Story of Norwich Cathedral*, p.2, The Workshop Press(1977).

[53] 柴田忠作, 中世イングランドにおける司教座修道院制について,『研究と評論』, 8号, p.36(1962).

[54] S. A. Reilly, *Our Legal Heritage*, Chapter 4, Martial "Law": 1066-1100, Indy publish(2002).

[55] G. Munford, *op. cit.*, pp.22-24, p.58.

[56] 柴田忠作, 前掲, p.42.

[57] R. H. Clay, *The Medieval Hospitals of England*, p.307, Frank Cass & Co. Ltd.(1966).

[58] C. J. W. Messent は、2代目ノーリッチ司教エヴェラード、初代修道院長インガルフ (Ingalf)、ノルマンディのアヴァランシェ (Avaranches) 司教リチャード・ド・ビューフェの3人によって、1118－1145年の間に、創建された、としている。しかし、1119年7月22日までは初代司教ハーバートが在位しており、2代目司教エヴェラードの創建説はあり得ない。
G. J. W. Messent, *The Monastic Remains of Norfolk & Suffolk*, Norwich, p.61, H. W. Hunt(1934).

[59] C. J. W. Messent, *op. cit.*, p.61.

[60] R. Le Strange, *Monasteries of Norfolk*, p. 95, Yates Publications(1973).

[61]　C. J. W. Messent, *op. cit.*, p.62.

[62]　C. Harper-Bill, The Struggle for Benefices in Twelfth-Century East Anglia, *Anglo-Norman Studies*, Vol.11, p.113(1988).

[63]　E. Cownie, *Religious patronage in Anglo-Norman England 1066-1135*, pp.151-171, Boydell Press(1998).

第 10 章

13・14世紀の告解制度下におけるノーリッチ市民による修道院創建

10.1　ノーリッチにおける宗教的建造物ブーム

10.1.1　ヨーロッパの都市で最も教会の数が多いノーフォーク州ノーリッチ市

　中世ノーリッチには、城壁内だけで56の教区教会が存在していた。加えて現在では、いくつかのローマ・カトリック教会所属の教会その他が建立されている。それゆえ、教会の数はロンドン、ヨーク、およびブリストルの教会の合計総和数よりも多い。これらの教会それぞれの歴史はベネディクト派、ドミニコ派、フランシスコ派、カルメル会派等に分けられている。

　特筆すべきことは、これら教会の建築にはノーフォーク産の暗清色のフリント石およびノーリッチ市内産出の石灰岩が使用されていることである。また、装飾品は市独自のものが多い。建築スタイルは主としてゴシック形式であった。ただし現在使用されているのは、聖ジョージ、コルゲイト、聖ジャイルズ、聖ピーター・マンクロフト、聖ピーター・パーメンターゲイトの5教会のみである。

　さて、13世紀のノーリッチでは宗教的建造物ブームが起きた。きっかけとなったのは第4ラテラノ公会議と思われる。これはそれまで行われたものの中で最大のキリスト教公会議で、412人の司教、800人以上の大修道院長や聖職者、諸侯もしくはその代表が参加し、ローマ教皇の権威が広く西ヨーロッパに顕示された。目的は聖地奪回と一般的教会改革であり、このとき70の教令をもって教会生活の広範囲な規定が定められた。そのうち第21条がその後の告解制度に影響を及ぼすことになったのである。その骨子を記せば次のようになろう。

　「信仰を持つものは男であれ女であれ、ものごとの判断ができる分別を持つ年頃に達したならば、少なくとも年に1回は、自分の教区の司祭に自分の犯した罪を一つ残らず全部告白しなければならない。また少なくとも復活祭の日曜日には、聖体を拝領するようにしなければならない。これを実行しない者は一生涯教会に立ち入ることは許されない。また死んでも埋葬は許されない。」

　同教令による最大の変化は、教区司祭に告解の裁治権が与えられたことで

ある。それまでは教区司祭に裁治権がなかったので、直属封臣の下にあった陪臣(under tenant)、またノルマン系諸侯層の下にあった騎士層らはそれぞれ自分の当主の創建した修道院に告解を受けに行かねばならなかった。しかし1216年後はその必要がなくなったのである。これによりイングランドの人々の暮らしはどのように変化したのだろうか。

図10.1　ノーリッチ城を中心にした城壁内（文献[1]より引用）

図10.2　ノーリッチ市内に古くから残存する、典型的な円形塔を持つ教会
（イースト・アングリア大学に隣接）

189

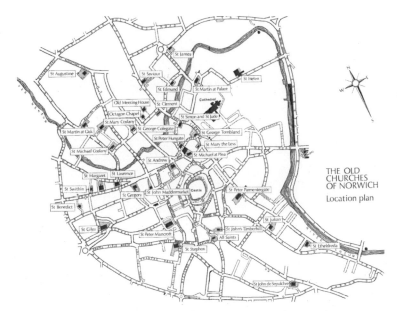

図10.3　ノーリッチ城壁内に点在していた教会（文献[2]より引用）

10.1.2　牧羊産業の繁栄

　13・14世紀イングランドの都市部においては、教会建造物のうち特に教区教会が急増した。これについては、周辺農村の牧羊業を背景に、羊毛・織物産業と交易によって財をなした市民が寄進したかのように理解されてきた[3]。

　羊を養う牧草地は沼沢地と湿地帯の干拓によって、また白亜質または石灰質の荒野、卵石石灰岩の原野、岩石が砂状に砕けた不毛の荒土であるブレックランド地帯を開拓することによって作り出されたものである。「羊の足は荒地を黄金にする」という言葉がある。荒土と荒野のこれらの地域は、施肥を目的とした牧羊経営を不可欠なものとした[4]。牧羊は8世紀以降に始まり、958年の特許状によればオックスフォードシァで羊が放牧されていた。12世紀初期にコッツウォルドの台地で、また1225年にはウィルトシァで、4000頭以上の羊が白亜質の丘原で放牧されている。ヨーク、リンカーン、ノーフォーク各州の白亜質や石灰質の丘陵荒地では牧羊地へ

の開拓が行われ [5]、卵石石灰岩、白亜質石灰岩、ブレックランドの地層の
上に牧草地が表層として形成されるのに1世紀とかからなかった。

　こうしてイースト・アングリア、そしてリンカーンシャ、ケンブリッジ
シャ、ハンチンドンシャおよびラトランド地方では、東海岸の港を利用して
羊と羊毛の大規模な取引が行われ、ケント、サセックスおよびハンプシャは
対岸の大陸と通商が始まっていた。ノーザンプトンシャからオックスフォー
ドシャとコッツウォルドを通ってウィルトシャ、ドーセットおよびソマー
セット各州に至る良質の石材地帯では羊毛産業が栄え、そしてその後に見
事な教会群が出現したのである。それに反して石材のないエセックス、ミ
ドルセックス、バッキンガムシャ、サリーの各州や、地下資源のない北部
やウェールズとの境界地方や、離れていたデボンシャやコーンウォールで
は新しい教会建設が遅れていた [6]。

　以上のことから羊毛産業の富＝教会建造物ブームという図式が考えられ
るようになったのであるが、それは表層を見ただけのことにすぎない。む
しろ、これら地域が牧草地と放牧地に開拓される以前の状態について、ま
たその下の地層に地下資源が存在したことについて留意すべきである [7]。
『ヴィクトリア女王州別史』のノーフォーク州第1巻 (V. C. H., Norfolk,
Vol.I) の最初に地質学 (geology) について頁数が割かれていることを我々
は見逃している。

10.1.3　教会建造物寄進の動機

　これら諸条件を満たし繁栄した都市の一つにノーフォーク州都ノーリッ
チが挙げられる。ノーリッチ市からビュア川に沿って北上した北部海岸ま
での広い地域、ノーフォークのハンブルヤード、ブロフィールド、タヴェ
ナム、アインズフォード、ホルトの各ハンドレッドを含むこれら一帯は、
石灰岩 (chalk) の上に成り立っていた。北部海岸にはドーバーと同様に白
亜質石灰岩の断崖が連なっている。つまり、ノーリッチ自体が石灰岩の上
に成り立っているのである。

　ノーリッチは牧羊地への開墾が行われたわけでも牧草地に開拓されたわ
けでもなく、原野のままであった。それにもかかわらず、ドゥムズデイ・

ブック（1086年）には、市民が教区教会15と礼拝堂28を所有し、諸侯その他が教区教会15を所有していたことが記録されている。1307年には同市内に司教座聖堂と教区教会が60に、各種修道団体修道院が30以上に増えている。中世ノーリッチ旧市街の面積は約22ヘクタール、周囲約7km、その中に90の教会建造物がところ狭しと建てられたのである。

　13・14世紀ノーリッチ市民の職業では、全職種2580のうち、織物染色業196、衣類加工業451、羊毛・織物関係の流通業377、小計1024と、羊毛・織物産業が多い。教会建造物の寄進者はこれらの商人、職人、手工業者であったであろう。しかし単に富裕になったから寄進したというわけではなく、別の熱情やエネルギーといったものが感じとられる。当時は死後の生活に対する関心が高まり、死後の魂の救済と罪の赦しを得るため財力のある人たちは教会や修道院への寄進に励んだ。特に都市部では急激な富の獲得の結果、富裕者の間に儲け、利潤、蓄財など金銭にまつわる罪の意識が生じた。このことは、彼らを教会建造物寄進へとかりたてた動機の一つであったと考えられる。

　中世ヨーロッパ封建社会ではキリスト教が社会における中心であり、教会が権威と倫理の構造を構築していた。そして、ラテン語を知らない平信徒を感化していたのは、説教よりも告解制度であったと考えられる。11世紀に告解は「法」として整備され、「裁き」の機能をそなえ、世俗社会において一つの制度として定着しつつあった [8]。

　また償罪には非公開の私的償罪（private penance、断食、苦行、慈善、施し、寄進など）と、公開の公的償罪（public penance、巡礼、十字軍参戦、第三会員、ベギン派、鞭打ち派など）があった。当時の風潮として、「最後の審判日」にイエス・キリストの目に届くように日常生活の中で公的償罪をアピールするようになり [9]、教会建造物の寄進は一目瞭然の公的償罪——というように解釈する研究者もいる。

　中世の市民は信仰に対して、困難な生活において生じる保護や、援助や、慰めの要請が満たされるよう求めた [10]。この恐れと不安は、死後の「最後の審判」に由来する厳しい裁きに対する懸念と密接に結びついていた。つまり救済欲求が満たされるならば、償罪はどんな手段とも結びついたのである。ここに西欧キリスト教における俗人の信仰の本質がある。

　本来、キリスト教には［救済欲求］→［救済されるための手段］→［救済の確証］という救済史の図式がある。13世紀ノーリッチ市民はどのような救済欲求を抱いていたか、その状況を明らかにし、救済を得るためにどのような手段がとられたか、そして市民は救済をどのように確証したか、本章ではこれらを明らかにしたい。

　論証は、中世ノーリッチについての地誌学的考察、司教ハーバート・ロジンガの司教区改革の伝統、第4ラテラノ公会議後の告解制度、富裕商人層による救貧院・寡婦院創建、フラタニティとギルドによる托鉢修道会修道院創建、の順で行う。

10.2　中世ノーリッチの地誌学的考察

10.2.1　考察の手順

　本節では、遺跡地図から中世ノーリッチを概観する。また、教会建造物と地下資源産業の跡から「中世ノーリッチ市の教区教会の細分化と再編成」を作成し、分析する。まず、フィリップ・ジャッジの複数の歴史地図を用い、以下の作業を行った。

①アングロ・サクソン期に25であった教会が、どのように増加し、教区が細分化されたかその様子を教区ごとに区分した。
②「中世ノーリッチ遺跡地図」[11]で、地下資源採掘場（ピット）、陶炉、石灰焼き炉、川の水を引き込んだ水路、縮絨工用の水路、船着場、渡し場、船をドックした場所、などの位置を確認した。
③「中世ノーリッチ教区地図」[12]には51教区、53カ所が記されている。教会や各種修道団体が建てられたとき、どのピットから石灰岩が採掘され、どの水路が掘られたかを遺跡地図と個々に照合した。
④他の2次史料から個々の教会・修道院について寄進者名、告解の様子、教区の細分化と再編成などを記入した[13]。

　以上のトポグラフィカル研究手法によって「中世ノーリッチ市の教区教会の細分化と再編成」を作成し、分析を行った。

10.2.2　石灰炉を所有したアングロ・サクソン期の教会

　ロンドンから北東の方向にあって、東に突出した半島の北端部がノーフォーク州で、この州都がノーリッチ市である。ヤーマスの海岸から30kmほど内陸にある。中世ノーリッチ市はロンドンに次ぐ大都市で、道路は全てローマならぬノーリッチへと通じていた。今日でも中世に建てられた教会建造物の半数以上は残っており、ヨーロッパの中で「教会の多い町」として有名である。

　アングロ・サクソン期には25の教会が存在し、ドゥムズデイ・ブックが作られた1086年には市民が教区教会15と礼拝堂28を所有し、諸侯その他が教区教会15を所有していた。ところが13世紀末には司教座聖堂と教区教会が60、ホスピタル（慈善修道施設）、カレッジ（聴罪司祭養成施設）を含む各種修道団体が30以上に増えていた。この急増の理由は何であろうか。

　ノーリッチは、早期に発達した商業とかかわりのある集落とされている[14]。ノルマン人がイングランドを征服したときには既にこの町は商業の中心地として栄えており、25の教会のうち8教会、聖エセルドレダ、聖クレメント、聖ヴェダスト、聖セピュラチュア、聖エセルバート、聖アンドリュウ、聖グレゴリィ、聖マルチン・アト・オークの各教会には、すぐ側に高温で鉱石を焼いた炉(kiln)の跡があった[15]。

　炉では何を焼いていたのであろうか？　ポッターゲイトという地名が残っていることから、陶器を焼いていたことが考えられる。また石灰岩を高温で焼いて石灰が作られていたのであろう。石灰炉の設置には、石灰岩採掘場の側であることと、大量の水が必要なので、川の側か川の水を引き込んだ水路があることが立地条件である。これら炉を所有した教会は、ウェンサム川の側にあるかグレイト・コッケイその他の水路が引かれている。以上のことから、炉は陶炉と石灰炉であった可能性の両方が考えられるのである。

　ノルマン人が攻めてくるまで、アングロ・サクソン人は信仰深く敬虔なエドワード懺悔王の下、平和で幸せな教会生活を送っていた。人々は最も豊潤な土地、利潤を生む土地を天国の聖人たちに献納した。第8・9章でも述べた通り、ノルマン人の無法者「侵奪者ハーマー(Hermer de Ferrers)」が集落の他の部分には目もくれず教会の土地(glebe land)だけを獲得しているのは、その証拠であろう。アングロ・サクソン期の教会では土地がもたらす収益によって教会を支え、司祭を雇った。

　いろいろ検証の結果、これら8教会は、炉だけでなく石灰岩採掘場を所有していたものと考えられる。以下ではこれら8教会とその石灰岩採掘場を想定して、その周辺から教区の変遷を探っていこうと思う。以下、地下資源採掘場を「ピット」と略記する。

10.2.3　石灰岩採掘の地下トンネル

　中世に石灰岩を採掘するために掘り進められたトンネルが存在することについては、今日では多くの市民の知るところである。それはノーリッチ大聖堂を起点としてキング・ストリートを南下する鉱脈に1カ所、大聖堂に並行して東から西へ走る太い鉱脈に3カ所の計4カ所あり、これを便宜上A、B、C、D、トンネルとする。

Aトンネル

　大聖堂エリアから始まり、トムランドにある現サムソンとハーキュールズの建物の下にまで及ぶという。すなわち、アッパー・キング・ストリートの下まで掘られていた。その先のキング・ストリートにはアングロ・サクソン時代からの聖エセルドレダ教区、聖ヴェダスト教区、聖クレメント教区が点在し、同一鉱脈線上にあった。

Bトンネル

　ウェンサム川の渡し場プルズ・フェリーから大聖堂エリアを経てアッパー・キング・ストリートにある現コンパッサーズまでの地下道と、チアリング・クロス・ストリートにある現ストレンジャー・ホールの地下がトン

ネルで繋がっている。その先にウェンサム川と水路に沿って聖マーガレット教区と聖ベネット教区が連なり、同一鉱脈線上にあった。

Cトンネル

ノーリッチ城から始まり、現ギルド・ホールおよびロラーズ・ピットが連結されており、その先、聖ジャイルズ・ストリートの地下とアーラム道路の地下が広い鉱脈で繋がっている。このアーラム道路の石灰岩採掘トンネルは有名である。1988年3月3日、聖ジャイルズ教区に当たる場所で、赤い2階建てバスが走っていた道路が突然陥没し、注目を浴びたからである。

Dトンネル

シアター・ストリートにある、現在アッセンブリィ・ハウスが建っている場所の地下トンネルである。人間が立って歩きまわれる高さと広さがあり、観光客に公開されたこともあった。1823年に井戸掘りの際に発見されたが、これはノーリッチ市の地下に石灰岩採掘トンネルがあることを市民に初めて知らしめた事件であった。聖スティーヴン教区に当たる場所である。

後世にギルド・ホールの地下室は牢獄となり、ストレンジャー・ホールの地下室は密輸業者が倉庫に再利用しているのを見ると、トンネルとはいえ、広い生活空間であったことを示している。

日本でも石灰岩採掘が江戸時代から行われていたという。青森県八戸石灰鉱山では、1918年から採掘が始まったが現在に至るまで露天掘りである。すり鉢型に掘り進められている。ノーリッチ市内にはすり鉢型地形が何箇所かあり、露天掘りの箇所もあったと考えられる。

10.2.4　地下資源産業の成立

イースト・アングリア地方の教会は560年頃までは木造であったが、8世紀には完全に石造りになっている [16]。ノーフォーク州は大別してフリント（火打ち石）・粘土地帯、ローム地帯、ピート・粘土地帯、石灰地帯か

らなり、教会や修道院、城や館など石造り建築に必要な建築資材の全てを産出していた。またそれらは川や運河によって市内建設現場まで運ばれ、そのため水運が発達していた [17]。大聖堂と城の外壁部分にはフランスのカーンで切り出された石が使われているが、その他90あまりの宗教的建造物は全て地元産出の地下資源で賄われた。

　石造建築の石を寄せ集めるには、石灰岩を原料にしたモルタルが必要であった。石灰岩の固まりは、すぐに使えるように建築現場に挽き割りにして置かれた。また、抽出した石灰の練り粉を良質のモルタルにするには、良質の砂を混ぜ合わせければならない [18]。ノーリッチ近郊コッスイには良砂地帯があり、ピットが広がっていた。良砂は船でタブ川を経て途中ウェンサム川と合流し、ノーリッチまで運ばれている。

　さて、地下資源産業が成り立つには、需要（教会建造物ブーム）と、供給（石、フリント、石灰岩、粘土、砂利、木材）と通貨が必要である。征服王ウィリアム1世はユダヤ人がノルマンディからついて来ることを承認し、主要都市の離れた区域に定着することを許可した。ユダヤ人らは、城と大聖堂、修道院等の建造物のために金銭を貸し付けた。なお、キリスト教徒はこのような高利貸し業に従事することが禁じられていた。

　ユダヤ人は市民になることも地方の裁判所に立ち入ることもできなかった。その代わりに、王家の裁判官が彼らに対する正義を保証した。ユダヤ人は彼ら独自の宗教を実践し [19]、ノーリッチでは12世紀半ばには市の中心地域、城のすぐ近くにユダヤ人居住区ができている。ノーリッチのユダヤ人社会は、イングランドでロンドンに次ぐ大金持ちとされた。1290年にエドワード1世がユダヤ人をイングランドから追放するまで、彼らはノーリッチの金融市場を支えた。

10.3　ハーバート・ロジンガの司教区改革運動の伝統

10.3.1　司教区の地下資源は誰のものか？

　中世に地下資源を採掘・採集した司教区は少ない。ヨーク、リンカーン司教区の白亜質石灰岩、オックスフォード司教区の卵石石灰岩、ダーラム司教区の石炭、大陸ではザルツブルグ大司教区の岩塩が有名である。司教区の地下資源は誰のものであったのか、以下ノーリッチ司教区の場合を示してみよう。

　前述したようにピットは石灰炉の近くにあったと想定され、また地上に露出していたわけであるから、司教ハーバート・ロジンガはその所在を完全に把握していたものと思われる。しかし司教に就任したときには、ノーリッチは既にノルマン系諸侯らに占拠されていた。例えばトムランドの聖エセルバート教区のピットは、ノルマン系諸侯ロジャー・ビゴットが侵奪し、占拠していた。

　ハーバート・ロジンガはピットのある土地を誰の物と考えたのだろうか？　以下、確認のために、ロジンガの司教区改革で叙述された事項を再度取り上げよう。

・ハーバート・ロジンガの改革構想の根底に、イエス・キリストの言葉等が想定される。イエスは、「これは、誰の肖像と銘か」と言われた。彼らは、「皇帝のものです」と言った。するとイエスは言われた。「では皇帝のものは皇帝に、神のものは神に帰しなさい。」（『マタイによる福音書』22章20・21）[20]
・教会法の原則では、教会の土地は祭壇に付属していた。「土地は祭壇に従う (fundus sequitur altare)」（教会法の法諺）[21]
・「悔い改めの法令1070」には次のようにあった。「教会およびそれに類する組織への侵害についても同様である。教会の所有物が何であれ、それを持ち出した者はできる限りその持ち出した物を元のところに返還しなさい。もしそれができないならば、他所の教会に返しなさい。さらにそ

れを元に戻そうとしないときは、司教は誰もそれを売らせないように、また誰も買わせないように命令しなさい。」(13項)

ノーリッチはノルマン征服以前から既に自治都市（バラ、borough）であり、市民(burgesses)は本来自由な土地保有様式が許可されていた [22]。国王は自治都市バラには課税しなかった。一方、司教ハーバート・ロジンガはノーリッチへ司教座を移し、教区(parish)を整備し、地下資源を含む司教区の土地の掌握に努めた。つまり、市民は国王から自由な土地保有様式が許可されていたにもかかわらず、司教からは自由な土地保有を認められないという状況に置かれていたのである。

ハーバート・ロジンガは司教座聖堂の建立に際し、ロジャー・ビゴット、ヒューバート・ロスが占拠していたトムランド一帯を敷地に選定し、司教の裁きによって、この2名にこの地の全ての寄進を命じた。また1096年に、司教はビゴットを司教の法廷に召喚し、侵奪の罪の償いとして聖エセルバート教区教会の建設と寄進を命じた。同じ年に司教自身も聖職売買の贖罪として聖メアリ・イン・マーシュ教区教会を建設・寄進し、同教区のピットを司教座聖堂と聖エセルバート、聖メアリ・イン・マーシュ両教区教会に永続的に安定した収益をもたらすよう基礎財産に設定した。また1100年、同様に聖レオナルド小修道院を創建し、同教区にあるピットを基礎財産に設定した。聖セピュレチュア教区に聖キャサリン小修道院を創建したのも同じ理由からと思われる。

ハーバート・ロジンガは次に施療院創建に取りかかっている。聖マルチン・アト・オーク教区のピットは、ノルマン系諸侯ラルフ・フィッツ・ウォルターが征服後に手に入れたものである。征服王ウィリアム1世が与えたことになっているが、実態は事後承諾か事後承認であった。同司教は同様の手順で没収し、そこに聖マグダラのマリア施療院を創建し、ホスピタルの維持経営費、病人の看護費、修道士らの生計費のためピットを基礎財産に設定した。また同様に聖クレメント・ヘイブリッジ教区に聖マリア・クレメント施療院を創建し、病人のため、同小教区にあったピットを基礎財産に設定した。

こうして司教ハーバート・ロジンガは10.2.2項で挙げた8教会にあるピッ

トのうち4つを司教管轄に治めた。このように司教区の地下資源に対して
ハーバート・ロジンガが築いた方針は、後継の司教らによって数世紀にわ
たり引き継がれることになったのである。

10.3.2　ホスピタルと告解制度

　中世のホスピタル (hospital) は病人や貧者のためというよりは、修道士・
修道女、また一般信徒が「施し」と「善行」を行う修道の場所として設け
られた。必ず礼拝堂があり、院長以下、修道士・修道女などのスタッフは
それぞれの修道会会則の下に看護・養護の仕事に従事した。したがって中
世のホスピタルは、修道院の部類に数えられることに留意したい [23]。

　ノーリッチ教区民は、司教ハーバート・ロジンガの時代からホスピタ
ルへ告解に行くことが習慣づけられていた [24]。特に聖パウロ施療院は、
Norman's Spital すなわち「ノルマン人インガルフ (Ingalf) が創建した告
白する場所」として知られていた [25]。インガルフは修道士となり、後に
同院長になった人物である。同施療院は、司教の法廷の弁護人1名、修道
会則に従う院長1名、副院長（女性）1名、14名の修道士と女子修道士た
ちで構成されていた。同施療院には司教の法廷が置かれ、告解が常に行わ
れていた。近郊の多くの土地、荘園が寄進されている [26]。

　次の司教エヴェラード（在位1121－1145年）は、罪の償いとして同施
療院に施しをする者全てに「40日間の贖宥」[27] を与えた。これにより寄
進が多く集まったので、エヴェラードは施療院に聖パウロ教区教会を建造し
た。このとき、ヘイブリッジ諸聖人教区は、聖マルガレータ・ヘイブリッジ
教区と聖ポール教区とに3区分し、教区教会が増えている。これは、1066
年以降にピットが3カ所見つかったということを意味するかもしれない。

　1249年、司教ウォルター・サッフィールドが大聖堂エリアに聖ジャイ
ルズ施療院を創建し、司教管区で運営された。当初、礼拝堂を告解室に使
用し、ノーフォーク州全体の告解を引き受け、聴罪には礼拝堂付司祭4名、
修道士8名が加わった。そして告解者によって繁栄したため、礼拝堂が聖
ヘレン教区教会として独立した [28]。つまり、大聖堂エリアでは、ピット
の周りに大聖堂、1聖堂付属修道院（聖堂修道参事会）、1施療院、3教区教

会が生じたことになる。

　以上、ノーリッチのホスピタル全体に関していえることは、ホスピタルには聴罪司祭がいて、常時、告解を受け付けていたということである。聴罪司祭は罪を告白した者に対し、罪の償いとしてホスピタルに収容されている貧者、老人、病人等への施しを命じた。金額は告白者の身分と経済力に応じて聴罪司祭の裁量によって決められた。このことからホスピタルは、罪の告白と罪の赦しを同時に行う場所、と評された。ノーリッチでは1307年までに公私合わせて21のホスピタル（施療院、癩病院、救貧院、寡婦院など）が寄進によって建設されている。

10.3.3　カレッジの派生

　告解に押し寄せる人々に対応して、聴罪司祭の養成が急務であったことから、ノーリッチでは施療院からカレッジが派生した。その最も早い例は、聖パウロ施療院である。前述したように初代司教ハーバート・ロジンガが創建にかかわっており、当初からノーリッチ司教区全体の教区司祭の養成を目指していた。司教オックスフォードのジョン（在位1175 － 1200年）は、広く司教区内の魂の裁き（告解）を引き受けていたが、聴罪司祭が不足してきた。そのため1198年以降は、施療院の礼拝堂を聖パウロ・カレッジに変更し、聴罪司祭の養成に努めた。

　2番目の例はチャペルフィールドにあった。1250年にジョン・ル・ブリュンという司祭によって創建された施療院には、告解に訪れる人々が非常に多かったため、短期間にカレッジに変更された。ジョンが学長になり、副学長、典礼の先唱者、出納官と7名の受禄聖職者、後に8名の礼拝堂の司祭や寄進礼拝堂の司祭が加わった。この他に幾人ものギルド礼拝堂付司祭とカレッジの荘園に居住する魂の司祭 (soul priest)[29] がいた。学長には、司教区を管轄する司教によって聖職禄が授与された。後援者は多く、その中には司教や肩書きを持つ人々も含まれていた。当初、礼拝堂を告解室兼用にしていたが、手狭になったため、マーケットに教区教会を建設した。それが聖ピーター・マンクロフト教区教会であり、今日に至るまで存続している。同教区教会は、動産の他にノーフォーク州の21教区に不動産

を所有した。当時ノーリッチ市ではマーケットを中心に働く人々が多く、同教区教会で告解を受けた人々が償罪として寄進したものと考えられる。

　3番目の例は聖ピーター・パーマウンターゲイト教区にあり、ノーリッチ司教座聖堂に付属する聖堂修道参事会員のカレッジである。聖ピーター教区教会のパイド托鉢修道会が退去した後の建物がカレッジに転用された。これはビリングフォードのベック施療院に従属する司教区付き聖堂修道参事会員のカレッジで、司教区内で奉仕する「全ての礼拝堂付司祭、魂の司祭あるいは聖堂参事会員」を受け入れた。彼らは完全に学寮組織体制で生活し、共同費を支払っていた。今日、聖ピーター・パーマウンターゲイト教区教会においては、「聖堂修道参事会員」あるいは「礼拝堂付司祭」もしくは「魂の司祭」と呼ばれていた人々が使用した、24の仕切り小部屋から成る [30] 古くからの告解室を見ることができる。

　ノーリッチの場合、カレッジは司教と聖堂修道参事会に従属する聴罪司祭養成機関であった。これも修道院の一つに数えられている [31]。

10.4　第4ラテラノ公会議後のノーリッチにおける告解制度

10.4.1　教区司祭の裁治権

　第4ラテラノ公会議（1215－1216年）の教令第21条によって一般信徒全てに年1回の告解が義務化されたことは、中世ヨーロッパ封建社会における人々の告解生活に大きく影響を与えたとされている [32]。中世ヨーロッパのいずれの都市においても、この教令によって、市民が告解を受ける場所（教区教会）と聴罪司祭（教区司祭）の需要が急増した。ノーリッチ市における教区教会建造はこのことと無関係ではなかろう。本節ではこの視点に立って、告解制度がノーリッチ市の教区教会の細分化を促した様子を見たい。

　中世ノーリッチ司教区に限れば、1216年まで裁治の権限は歴代司教たちによって独占的に維持されていた。したがって、ホスピタルやカレッジに

雇用された場合を除き、教区司祭が教区教会の中で罪の告白 (confession) を聴き、そして償罪 (penance) を科す権限はなかったと想定される。リーによれば、大陸においても12世紀末時点では、司祭は所属する司教区司教から特別の権限行使の認可がなければ、そのようなことはできなかったという。このことは、小教区は宗教的裁治権を所有していなかったことを示唆している [33]。

　13世紀に出まわったいろいろな告解手引書はみなラテン語で書かれていたが、教区民はもちろんのこと、教区司祭の中にもラテン語を理解できない者が多かった。このため、リンカーン司教ロバート・グローステストは、1235年に就任した際に彼の司教区の司祭に、十戒、七つの大罪、七秘跡、使徒信経については教区民に英語で解説するように指示している。1281年のカンタベリー大司教ジョン・ベッカムの発令した「ランベスの司教令」の中でもこの趣旨が見られる [34]。七つの大罪は "seven deadly sins（必ず地獄に堕ちる七つの罪）" と称され、傲慢、邪淫、嫉妬、憤怒、貪欲、貪食、怠惰のいずれかに該当する罪で裁かれた。言い換えれば、聴罪司祭はどのような罪でも作り出すことができたのである [35]。

10.4.2　ギルドとフラタニティ

　教区民たちが罪の告白をしたいと望む際に最も接触しやすい聴罪司祭は、当然ながら自分たちの教区司祭 (parish priest) であった。それには自分たちの教区教会を持つ必要がある。そこでノーリッチでも一斉に教区教会の建設が始まった。生活のために休むことなく労働し、日々の糧を得るのが精一杯の教区民には死後の保障まで確保する余裕はなく、自分一人の力では到底及ばぬところであった。そこで彼らは集まって共同組織を作り、個々の微々たる資力では不可能なことを可能にしようとしたのである。このような組織はギルド (gild) またはフラタニティ (fraternity) と呼ばれた [36]。

　中世のギルドは大別して2種あった。すなわち職業上の利害を共にした者同志の同盟 trade gild と、聖的福祉を目的として結成された religious gild である。自治都市（バラ）では商人の組織する商人組合 (merchant gilds) を結成する権利および通行税・市場税免除の特権が与えられた [37]。商人

組合には、市民権を持ち、一定以上の資産を有する者でなければ加入が認められなかった。職人でも裕福であれば組合員になることは可能とされたが、一定の価値の土地と屋敷が市内にあらねば資格は認められなかった。労働のために手が汚れたり爪垢がたまったりする、街路で呼び売りする職人・手工業者は、加入条件を問わないreligious gildに加入したのであろう。しかし彼らは、資産と資格を身につけ一定の条件を満たしたときにはtrade gildに参加している [38]。

　一方フラタニティには、品行に問題がなければ誰でも職業階級を問わず迎えいれられた。また女性も未婚既婚を問わず組合員になれたことは、女性の地位が低く見られた時代にあっては顕著な特徴である。Religious gildの多くは独立した礼拝堂を所有するほどの資力は持たなかったので、普段彼らが礼拝に集まる教区教会内の一部にフラタニティ専有の礼拝室を作った。

　ギルドもフラタニティも、組織のメンバーと組織にゆかりのある聖人の霊の安らかなることを願うことと、組合員同志困ったときに援助しあうことが、その成立と活動の二大要素であった。

10.4.3　教区の細分化

　市民は教区教会の建設に際し、その敷地として当然のことながら石灰岩のある場所を選んだに相違ない。ただし建設のためには石灰岩だけではなく、フリント、粘土、ローム、砂利、木材に至るまでさまざまな資材が必要である。教区民はこれらの建築資材を入手するために、それぞれの産地で石灰岩と物々交換や等価交換を行ったり、代価を得るために細かく砕いた石灰岩を売ったりしたに違いない。おそらく仲買人がいたであろう。石灰岩採掘のためのピットを1カ所所有すれば1つの教会が建設できたと考えれば、10.2.2項で述べたアングロ・サクソン時代の炉の跡は、全てとはいえないが自分たちの教会を建てた根跡だったのであろう。

　フィリップ・ジャッジは遺跡調査の結果、ノーリッチに教区が最も多かった時点を51教区に区分している [39]。それによると、教区が増加していく過程には2通りの形が見られる。以下にそれぞれの例を示す。

1つの教区が離れた場所にもう1教区増やす形態

①アングロ・サクソン期に聖オレーヴ教会は離れて2カ所に建っていた。後にそれぞれ聖オレーヴ教区と聖ピーター・サウスゲィト教区になった。

②アングロ・サクソン期に聖クレメント教会は離れて2カ所に建っていた。後にそれぞれ聖クレメント・ヘイブリッジ教区と聖クレメント・コーンズフォード教区になった。

③②の聖クレメント・ヘイブリッジ教区は、離れた市壁の側で聖アウグスチン教区と聖マルチン・アト・オーク教区の間にもう1教区増えている。

④アングロ・サクソン期に聖マルチン・アト・パレス教会が建っていた場所は聖マルチン・アト・パレス教区になった。後にウェンサム川の向こう岸で、聖エドモンド教区と聖ジェイムス教区の間にもう1教区増えている。

1つの教区が多数の教区に細分化する形態

⑤②の聖クレメント・コーンズフォード教区は聖ジュリアンと2教区に分割された。

⑥アングロ・サクソン期に聖セピュレチュア教会が建っていた場所は、後に聖バーソロミューと聖ジョン・セピュレチュアの各教区に分割された。

⑦アングロ・サクソン期に聖ヴェダスト教会が建っていた場所は、後に聖パーメンターゲイトと聖ヴェダストの各教区に分割された。

⑧アングロ・サクソン期に聖アンドリュー教会が建っていた場所は、後に聖アンドリューと聖クリストファーの各教区に分割された。

⑨アングロ・サクソン期に聖ジョン・マダーマーケット教会が建っていた場所は、後に聖クロッチェと聖ジョン・マダーマーケットの各教区に分割された。

⑩アングロ・サクソン期に聖ボトルフ教会が建っていた場所は、後に聖ボトルフ、聖サヴィオアー、聖メアリー・アンブレントの各教区に分割された。

⑪アングロ・サクソン期にオールセインツ教会が建っていた場所は、司教エヴェラード在位期（1121－1145年）に、聖マーガレット・ヘイブリッジ、オールセインツ・ヘイブリッジ、聖パウロの各教区に分割された。

　1つの教区が多数の教区に細分化あるいは拡張するのは理解できる。しかし全く離れた場所に2カ所同名の教区があるのはなぜか。これは、ある教区が離れた場所に新たに地下資源を発見したということではなかろうか。ピットを1カ所所有すれば1教会の建設が可能であったと仮定して、ノーリッチではピット数と教区数との間に相関関係があったということかもしれない。

10.5　富裕商人層によるホスピタルの創建

10.5.1　ヒルデブロンド救貧院

　当時ノーリッチで最も主要な道路であったキング・ストリートは、ウェンサム川の流れに沿っていて、積荷を揚げ降ろしする船付場が4カ所あり、その周辺には富裕な商人の家がひしめき建っていた。ここでは、第4ラテラノ公会議後の富裕な商人たちの動向を知るために、例として、高級織物業者ヒルデブロンドを挙げてみよう。彼は王ヘンリー3世治世下（1216－1272年）に聖エドワード教区に救貧院（alms house）を創建した。これはHildebrond Spitalすなわち「ヒルデブロンドが建てた告白する場所」と呼ばれ、近隣の教区教会の告解を引き受けたため、多くの人々が押し寄せた。
　ヒルデブロンド救貧院の敷地は、創建者がロジャー・ド・デュネウィグから購入した。建物は税関また管理人たちが使用する大きなホールと談話室といくつもの小部屋から成り立っており、主として貧者と浮浪者を受け入れる目的で建てられた。また、この救貧院のフラタニティは、院長と数人の修道士で構成された [40]。本来、告解は人間が悔い改めるためのものであるため、浮浪者の矯正と更生に役立つ。いくつもの小部屋は当初から告解室として使用する目的で作られたのかもしれない。
　現在キング・ストリートには当時のドラゴンホールが保存され、その奥で遺跡が発掘された。おそらくそこがヒルデブロンド救貧院の建っていた場所であると考えられる。

10.5.2　ホスピタルと用益権留保付寄進

　ヒルデブロンドの他にも、商人たち、父子・兄弟を含む6名が救貧院 (alms house) を創建し、また未亡人アリス・クロームが寡婦院 (widows' house) を創建している。その内訳を見てみよう（表10.1）。

表10.1　商人たちによって創建されたホスピタル

教区	種類（数）	創建時	創建者
聖エドワード	救貧院 (1)	1269 以前	高級織物業者のヒルデブロンド
聖スティーヴン	救貧院 (5)	1418	商人のジョンとウォルター・ダニエル兄弟
聖ジャイルズ	救貧院 (1)	1272 以前	ジョンとトーマス・ル・グラント父子
聖マーガレット・ウェストウィック	救貧院 (1)	1292	ロバート・ド・アッシュウォードビィ
聖ベネット	救貧院 (1)	不明	ヒュウ・ガーゾン
聖ジョージ・コルゲイト	寡婦院 (7)	不明	未亡人アリス・クローム

　これら商人たちによるホスピタル創建に関しては、以下のような共通項を見出すことができる。

①創建者が商人として生業を営んでいること
　創建者は自力でホスピタルを建設する資産・資財を持っている。

②創建者がピットを所有していること
　アングロ・サクソン期から存在していた8ピットとは別に、6人の商人たちは教区内に新たな石灰岩ピットを見つけた。中でもヒルデブロンド、ジョンとウォルター・ダニエル兄弟、ジョンとトーマス・ル・グラント父子、ロバート・ド・アッシュウォードビィはこれを長年にわたって所有し採掘した。
　聖エドワード教区のピットは10.2.3項で挙げたAトンネル、聖スティーヴン教区のピットはDトンネル、聖ジャイルズ教区のピットはCトンネル、聖マーガレット・ウェストウィック教区のピットはBトンネルの場所と一致する。トンネルは彼らが石灰岩を採掘した跡だったのである。なお、Dトンネルの上には司教ハーバート・ロジンガが創建した聖レオナルド小修道院があった。その地下を掘ることは秘密にしなければならなかったので

あろう。

③創建した救貧院・寡婦院は浮浪者を収容し、更生させる施設であること
　救貧院では施療院や癩病院のような治療行為は行わないので、ケアをする修道士・修道女にそれらの経験がなくともよい。創建者は社会的地位を有していたので、収容者を更生させ、働く場所と仕事を与えることができた。このことは労働力の確保に繋がったので、地下トンネルで採掘作業をした者もいたであろう。寡婦院についても同様のことがいえた。

④ホスピタルは修道院の一種であること
　1070年に布告された教会法「悔い改めの法令1070」の5項には、「修道士の償罪は彼らの修道会戒律と大修道院長によって決められた裁定に従うべきである。」とあった[41]。同法令発布後、イングランドでは修道院を創建したり、また建物、土地、十分の一税、修道士のための永続的年金などを寄進したりすることによって在俗修道士になるものが増えた。「免属」の修道院長には裁治権があり、修道院長から告解が受けられたからである。ノーリッチの商人フィリップ・アーノルドは聖ジェイムス教区にカルメル会托鉢修道院を創建し、同修道会会則を遵守した。1283年4月23日の死の床では修道服を着衣している[42]。
　また、フランシスコ会、ドミニコ会は平信徒のために「第三会」(ordo tertius) を設立した。第三会とは、中世13世紀以降に各派修道院もしくは修道士の団体組織が指導して、在俗でありながらキリスト教的完徳を追求しようとする団体の総称である。第三会員は13世紀各地の都市居住者の家庭に普及した。

⑤ホスピタルは教区教会を内蔵していること
　当初、ホスピタルの礼拝堂や小部屋は教区教会の告解室として機能していた。やがて告解者であふれるようになり、別棟に教区教会が建てられた。

⑥修道院に用益権留保付寄進の習慣があること
　7世紀以降、俗人から修道院への土地寄進の方法として最も広く行われ

たのは、寄進者が自ら寄進地の上に終身間の用益権を留保する寄進、すなわち用益権留保付寄進 (precaria oblata、proprios usus) であった [43]。修道院側も世俗にかかわることは難しかったから、互いの利益が一致したのであろう。これは、ノルマン征服後にイングランドに持ち込まれた大陸の習慣の一つである。

　8・9世紀の証書によれば、取得した土地を修道院に寄進する場合には、自らその土地について用益権を留保し、修道院に寄進すると同時に修道院から用益権留保付寄進に基づく貸与地としてその土地の貸与を受ける例が多かった [44]。この習慣が次第に救貧院、寡婦院、施療院など各種の修道院関連施設にまで拡大していったものと考えられる。

　6人の商人たちは教区内に新たな石灰岩ピットを見つけた。中でもヒルデブロンド、ジョンとウォルター・ダニエル兄弟、ジョンとトーマス・ル・グラント父子、ロバート・ド・アッシュウォードビィはこれを長年にわたって所有し採掘した。

　先に述べた通り、本来、自治都市（バラ）の市民には証書によって自由な土地保有権が与えられていた。しかし司教の配下にある教区司祭は、告解の場で「七つの大罪」に相当する何らかの罪を見出しては、その償いとして寄進を命じることができたので、ピットは安泰というわけにはいかなかった。そこで彼らは救貧院を創建し、全てをそこへ寄進したのである。ただし用益権留保付寄進とし、救貧院から寄進した土地の貸与を受ける形にした。これにより彼らはピットから従来どおり石灰岩を採掘し、その中から救貧院と寡婦院へ年間貸与料を支払ったものと思われる。

　どのような形にせよ修道院を創建し、そこへ土地を寄進することは神に喜ばれる行為であり、イエス・キリストの目にも誰の目にも公的償罪を果たす姿に映った。どうか死後に地獄に堕とされることがありませんようにと祈り、念じ、告解の場でもきちんと申し開きができた。これが中世の俗界信徒による修道院創建の潜在的動機であったと思われる。

10.6　職人・手工業者層と托鉢修道会の進出

10.6.1　フラタニティとギルドによる修道院の創建

　自治都市（バラ）においてはフラタニティとギルドにも自由な土地保有権があったので、メンバーたちはピットを共有し、採掘したであろう。しかし、繰り返しになるが、司教の配下にある教区司祭は告解の場にて「七つの大罪」に相当する何らかの罪を見出しては、その償いとして「寄進」を命じることができた。したがって職人・手工業者にとっても、ピットは安泰というわけではなかった。

　フラタニティとギルドがこれにどのように対処したのかを、ピットの周辺から考察してみよう。表10.2に、ピットを有する教区を示す。なお、前述したように聖キャサリン小修道院、聖堂参事会修道院、聖レオナルド小修道院、聖マグダラのマリア施療院の4院は司教ハーバート・ロジンガが創建したものである。

表10.2　ノーリッチにおけるピットを有する教区

教区	管轄	修道院（司教の贖宥）	修道院（教皇の贖宥）	4大托鉢統一教皇令 (1307)
聖セピュラチュア	司教	聖キャサリン修道院		
聖エセルバート	司教	聖堂参事会修道院		
聖グレゴリィ	司教	聖レオナルド修道院		
聖マルチン・アト・オーク	司教	聖マグダラのマリア施療院		
聖クレメント・コーンズフォード	ギルド		オースチン会托鉢	大オースチン会
聖ヴェダスト	フラタニティ		フランシスコ会托鉢	大フランシスコ会
聖アンドリュウ	フラタニティ		Sacco 托鉢	大ドミニコ会
聖マルチン・アト・ベイリィ	ギルド		聖マルチン・フラタニティ托鉢	大カルメル会に吸収
聖ジェイムス	フラタニティ			大カルメル会
聖セヴィア	フラタニティ		聖セヴィア・ホスピタル	国王認可 (1304)

　聖マルチン・アト・ベイリィ教区のピットは城のすぐ側にあり、城の建設に際して採掘された後もなお石灰岩が有り余っていた。遺跡を見ると相当に広い範囲で、教区の角から角までが石灰岩であった可能性がある。城の工事に従事した者たちが工事終了前後にフラタニティを結成し、小修道

院を建て、修道会会則のもとに生活するフラタニティの托鉢修道士たちを住まわせた。このことから同院は「城門にある聖マルチン」とか「聖マルチン小修道院」と呼ばれた [45]。

　同教区のフラタニティはピットを含む土地、小修道院の敷地、建物全てを聖マルチン小修道院に寄進した。おそらく用益権留保付寄進であっただろうから、同フラタニティのメンバーは以前と変わらず石灰岩を採掘し、同小修道院へ年間貸与料を支払ったものと考えられる。また修道院長には裁治権が与えられていたから、同フラタニティのメンバーは同修道院で告解を受けることができたのである。

　聖セヴィア・ホスピタルについての詳細は不明で、施療院であったか救貧院であったか確認できない。実在した場所についてすら未だ論争中である。しかし国王によって認可され、諸権利を保障された修道団体の例として挙げておきたい。国王エドワード1世の治世（1272－1307年）に、フラタニティの礼拝堂に雇われていた司祭のリチャード・ド・ブレクレスが、コスレニィに聖セヴィア・ホスピタルを創建した。当時、ブレッド市場には各フラタニティが告解室を設置していたが、1297年に魚商リチャード・ド・コスレニィが、自分たちのフラタニティの告解室を創建者の所へ運びこんだ。それまで屋根のない市場にあった告解室を、創建した聖セヴィア・ホスピタルの中に設置したということであろう。1304年に国王エドワード1世はその創建を確認し、frank-almoigne（自由な施しを保有する権利）によって、得られる年収の全てを保有することを許可する認可状を与えた [46]。frank-almoigneとは、寄進者の魂のために祈ることを条件に、寄進された土地を修道団体が後世まで保有することができる権利をいう [47]。

　ブロムフィールドは、聖セヴィア・ホスピタルは聖ミカエル・アト・コスレニィ教区にあったとしている。しかし他の学者は、このホスピタルは聖セヴィアに献納されたので、その教区の名称が聖セヴィアとなったと主張した。聖人に献納された教会建造物から教区の呼称が決まる例として興味深い。

10.6.2　托鉢修道会の進出

聖クレメント・コーンズフォード、聖ヴェダスト、聖アンドリュウ、聖ジェイムスの各教区では、フラタニティまたはギルドが力を結集してそれぞれ教区教会を建てた。しかしこれら4教区教会のフラタニティは修道院を持たず、修道院長の裁治権、また用益権留保付寄進の恩典に預かることはできなかった。イエス・キリストによる「最後の審判日」の裁きを恐れた彼らが次にとった行動は、折から進出してきた托鉢修道会修道士への接近であった。

ノーリッチに托鉢修道会が進入してきたのは1226年より後のことである。それ以前より各教区教会にはフラタニティの礼拝堂が設置され、専属の聴罪司祭が雇われていたが、彼らは余分な時間には托鉢をして歩き、フラタニティの托鉢と呼ばれていた。教皇マルティヌス4世（在位1281－1285年）はこの托鉢修道士に対し、許可なくどこででも説教し、告解を聴く許可を与えていたからである。こうしてフランシスコ会、カルメル会、オースチン会、ドミニコ会の托鉢修道士らが各教区教会のフラタニティによって雇われるようになり、ノーリッチにも定着したものと見られる。以下、その例を見てみよう。

ジョン・ド・ヘイスティングフォードは、聖ヴェダスト教区教会に寄留していたフランシスコ会托鉢修道士に対し、住居を寄進した。やがて聖ヴェダスト教区と隣のカスバート教区に割り込んでフランシスコ会托鉢修道院が創建された。寄進者にはノーフォークの6つの修道院長やヒュー・ド・ローブランドやロジャー・ル・マーシャルの名前がある。同修道院には教皇の贖宥が与えられたため、"Pardon Cloister"と呼ばれ、贖宥を求める信徒であふれた。同院には関連ギルドとして「聖母マリアのギルド」「福音のヨハネのギルド」「聖バーバラのギルド」が設置された [48]。

聖ミカエル・コーンズフォード教区にはオースチン会托鉢修道会が進出し、ロジャー・ミニオットが修道院を創建し、寄進している。同修道院は聖ミカエル・コーンズフォード教区に従属し、教区教会の役割を担うようになった。教皇の贖宥が与えられたため巡礼者が絶えなかった。関連ギルドとして「聖クリストファーのギルド」「聖マーガレットのギルド」「聖十

字架のギルド」「聖オースチン（製靴業）ギルド」が設置されていた [49]。

聖ジョージ・コルゲイト教区には未亡人アリス・クロームが創建した寡婦院があった。ドミニコ会托鉢修道士らがそこに宿泊していたところ、トーマス・ゲラム卿が修道士らに住まいを寄進した。また、ウィリアム・ダニッチは庭を、リチャード・ノーリッチ卿は土地と家を、ロジャー・ペントニィは土地を寄進した。国王ヘンリー3世、同エドワード1世、エレノア女王も土地と金銭を寄贈している。こうして聖ジョージ・コルゲイト教区は全てドミニコ会托鉢修道士会の建物で占められた [50]。

聖ジェイムス教区教会のフラタニティの托鉢は、カルメル会托鉢修道会が吸収したようである。そこに商人フィリップ・アーノルドが修道院を創建し、寄進した。同修道院には市長、州長官、市民が後援し、多くの寄贈が集まった。あたかも司教管轄の修道院に対抗していたかのような印象を受ける。

上記のような各托鉢修道会の割り込みにより、隣接する教区司祭らは居住地部分の寄進を強制させられたり、立ち退きを強いられたりした。こうして托鉢修道会は教区教会を入手し、増やしたのである。

1307年のローマ教皇による4大托鉢修道会統一令により、それまで混在していた各種大小の托鉢系修道院は4大托鉢修道会会則のいずれかに統一され、建物その他についても吸収合併再編成が行われた。その結果、ノーリッチ市内には司教系の各種修道院よりも多くの4大托鉢修道会の修道院が建ち、大きな場所を占めることになった。それにはフラタニティから成長し上昇してきたそれぞれの関連ギルドが貢献している。

聖マルチン・アト・ベイリィ教区にはフラタニティの托鉢修道院があったが、4大托鉢修道会統一令の際にカルメル会が吸収した。その際にカルメル会托鉢修道院の関連ギルドとして「聖母マリアのギルド」「聖ニコラスのギルド」「諸聖人のギルド」が移管された。このように托鉢修道会はギルドを設置し、ギルド会員の告解を引き受けた。ギルド会員にとっては司教系の教区司祭よりも托鉢修道士の告解の方が罪や償罪を軽くしてくれたので、人気があった。また教皇が托鉢修道会に贖宥を発行したことの効果も大きい [51]。

10.7　結び

　以上述べてきたように、13・14世紀のノーリッチには大小無数の石灰岩採掘場ピットがあり、盛んに石灰岩が掘り出されていた。大勢の人間がその作業に従事し、さぞかし活気に満ち溢れた風景であったに違いない。しかし、13・14世紀のノーリッチ市民の職業には、石灰岩採掘に関係するものは見当たらない。石工が33名、石灰焼職人が1名いるが採掘業務とは別である。また、水路を掘る職業があるにもかかわらず、石材を掘り出す職業はない。これは、初代司教ハーバート・ロジンガが、地下資源を採取することも売ることも禁じたからである。

　歴代ノーリッチ司教たちは、「神のもの」を盗掘した者を司教の法廷に召喚し、公的告解の手順で裁いたと考えられる。その償罪としてピットの寄進が命じられたのであろう。こうしてノーリッチ市民の「盗掘地を失う、あるいは地獄に堕とされる危機→一族の告解のため托鉢修道院創建→修道院への土地の寄進」という救済の図式が成り立ったのである。ローマ教会の告解制度下における俗人による修道院創建の動機の解明には、今後ともこの救済の図式が役立つものと考えられる。

参考文献および註

[1]　*Norwich Official Guide*,　p.6,　The Soman-Wherry Press Ltd.(1946).

[2]　N. Spencer and A. Kent,　*The Old Churches of Norwich*,　Jarrold and Sons(1970).

[3]　W. G. ホスキンズ,『景観の歴史学』,　柴田忠作（訳）,　pp.103-112,　東海大学出版会(2008).

[4]　これに関しては以下を参照。
　　　米川伸一,『イギリス地域史研究序説』,　p.66,　未来社(1972).

[5]　W. G. ホスキンズ,　前掲,　pp.96-98.

[6]　G. Hutton and O. Cook,　*English Parish Churches*,　pp.67-68,　Thames & Hudson(1976).

[7]　例えばノーフォークのハンスタントンでは表層の下がLower Chalk－Red Chalk－Carstoneの3層になっており、最も深い層のCarstoneだけでも幅35フィートはある。

UK Fossils Network, *Geological Guide to Hunstanton, Norfolk.*
http://www.hunstandon.ukfossils.co.uk

[8] 田巻敦子，ノルマン征服と「悔い改めの法令1070」，『比較宗教思想研究』，8輯，pp.1-28(2008).

[9] R. マンセッリ，『西欧中世の民衆信仰』，大橋義之（訳），pp.102-107，八坂書房(2002).

[10] R.マンセッリ，前掲，pp.28-29.

[11] 遺跡地図は C. Rawcliffe & R. Wilson, ed., *Medieval Norwich*, A&C Black(2004)の p.162，Phillip Judge 作成による。

[12] 中世ノーリッチ教区 parish 遺跡地図は C. Rawcliffe & R. Wilson, ed., *op. cit.*, p.163. Phillip Judge 作成の遺跡地図による。

[13] A. Doubleday and W. Page, ed., *Victoria History of the County of Norfolk*, Vol.1 (1901)，Vol.2(1906)，Constable.
H. C. Darby, *Domesday Geography of Eastern England*, Cambridge Univ. Press(1952).
S. W. Martins, *A History of Norfolk*, Phillimore(1984).
C. J. W. Messent, *The Monastic Remains of Norfolk & Suffolk*, H. W. Hunt, Norwich(1934).

[14] 8世紀初頭にサクソン人はイースト・アングリアに5～6カ所の村落を構え、やがてそれが中世の都市に発展した。その一つに Norwic と呼ばれるサクソン村落があり、後の Norwich になったといわれている。イーリィ(Ely) 大修道院の925年の記録 *Liber Eliensis* の中に、Norwic の名が刻まれている銀貨が見られるという。また『アングロ・サクソン年代記』の1004年にヴァイキングの Sweyne 王がノーリッチを攻略したと記録にある。
K. Ward, *A History of Norwich*(2006).

[15] S. Alsford, *The ORB: On-line Reference Book for Medieval Studies—History of Medieval Norwich—*(2000).

[16] J. Glazebrook, ed., *Research and Archaeology: a Framework for the Eastern Counties, 1. resource assessment*, East Anglian Archaeology, No.3, p.49(1997).

[17] ノーフォークの地下資源産業については、以下を参照されたい。
田巻敦子，ノルマン系諸侯ロジャー・ビゴットの所領形成の一側面—「聖ベネット・オブ・ホルム修道院の侵奪リスト」を通して—，『お茶の水史学』，51号(2008).

[18] ドミニク・ロンスレー，『要塞の歴史と生活』末松永海子 (訳)，p.8，西村書店 (1989).

[19] S. A. Reilly, *Our Legal Heritage*, Chapter 4, Martial "Law": 1066-1100, Indy publish(2002).

[20] 『聖書 新共同訳』，日本聖書協会 (1990). 1996年版までは「カイザルのものはカイザルに」の訳で知られた。

[21] M. D. ノウルズ他，『中世キリスト教の成立』，キリスト教史 第3巻，上智大学中世思想研究所（編訳・監修），p.95，講談社 (1981).

[22] 研究史に関しては、以下を参照。
城戸毅，中世イングランドの国制と都市—Borough とは何か—，『西洋史学』，118

号，pp.38-46(1980).
藤本太美子，11－13世紀ノルマンディとイングランドにおける*burgagium*，『史学雑誌』109－108号，pp.35-60.

[23] 中世のホスピタルの修道制についてはR. M. Clayの研究がある。
R. M. Clay, *The Medieval Hospitals of England*, Frank Cass & Co. Ltd.(1966).

[24] ハーバート・ロジンガの司教区改革運動については、以下を参照されたい。
田巻敦子，11・12世紀イングランドにおける告解制度―ノーリッチ司教ハーバート・ロジンガの司教区改革にみる―，『欧米の言語・社会・文化』，14号 (2008).

[25] Spitalについての解釈を試みる。Spit(他動詞)〈人が〉……を吐く、吐き出す、……を〔人に〕吐き出すように言う、の意味。Spit it out !：白状しろ！泥を吐け！また、接尾辞-alは、動詞に付けて「……すること」の意の名詞を作る。したがって、Norman's Spital＝ノルマン人（インガルフ、Ingalf）が創建した告白する場所、Hildebrond's Spital＝ヒルデブロンドが創建した告白する場所などにも受け取れる。

[26] R. Le Strange, *Monasteries of Norfolk*, p. 89, Yate Publishing(1973).

[27] 贖宥とは、償罪期間を短縮または免除することをいう。教皇は司教の贖宥をあくまでも「40日間の贖宥」に規制したが、これに比べて教皇の贖宥は50日、1年、400日、3年などと期間を長くし、その上、プライスを安くした。
田巻敦子，中世イングランドにおけるパードナーの研究，『キリスト教史学』，41集，p.11(1987).

[28] R. Le Strange, *op. cit.*, p.91.

[29] ここでは魂の司祭(soul priest)とは聴罪司祭のことを意味するものと考えられる。

[30] R. Le Strange, *op. cit.*, p.98.

[31] 癩病院だけは市壁の外、ゲイトの側に設置され、市の南側から反時計まわりに、聖レオナルド癩病院、聖マリアと聖クレメンス癩病院、聖ベネディクトゥス癩病院、聖ジャイルズ癩病院、聖スティーヴン癩病院の5カ所があった。

[32] 「信仰をもつものは男であれ女であれ、ものごとの判断ができる分別をもつ年頃に達したならば、少なくとも年に1回は自分の教区の司祭に、自分の犯した罪をひとつ残らず全部告白しなければならない。また少なくとも復活祭の日曜日には、聖体を拝領するようにしなければならない。これを実行しない者は一生涯教会に立ち入りは許されない。また死んでも埋葬は許されない。」（第4ラテラノ公会議 教令第21条）

[33] H. C. Lee, *A History of Auricular Confession and Indulgences in the Latin Church*, No.1, pp.254-255, Greewood Press(1968).

[34] 斉藤勇，罪をたずねて，『チョーサーとキリスト教』中世英文学シンポジウムシリーズ 1., p.6, 学書房出版 (1984).

[35] ヨハネス・カシアヌス（360－430ないし435年）は重要な修道生活に関する著作を残し、『修道院制度について』の中で修道院制度および罪源（貪食、邪淫、貪欲、憤怒、嫉妬、怠惰、傲慢）の克服を論じた。これが七つの大罪の典拠とされる。

[36] ノーリッチのフラタニティ（信心会）に関しては、以下を参照されたい。
M. Grace, ed., *Records of the Gild of St George in Norwich, 1389-1547*, Norfolk

Records Society No.9，Wyman & Sons，Ltd(1937).

[37] 城戸毅，前掲，pp.38-46.

[38] ノーリッチのギルドに関しては、以下を参照されたい。
道行啓爾，中世イングランドのGild組織—その宗教的側面，『福岡大学総合研究所報』，90号，pp.1-26(1987).
斉藤真生子，会計簿にみる教区ギルド—中世後期リンカンシヤ・スリーフォードを例に—，『お茶の水史学』48号，pp.1-46(2004).

[39] C. Rawcliffe & R. Wilson，ed.，*op. cit.*，p. 163（図-4）.

[40] C. J. W. Messent，*op. cit.*，pp.58-59.

[41] 「聖職者の誰であれ戦闘に参加した者、さらにまた喜んで戦闘のために武装して戦った者は各々が出身国で同じ罪を犯したときに行うような償罪をせねばならない。なぜなら彼らは戒律に従い、殺りくは赦されていないからである。修道士の償罪は彼らの修道会戒律と大修道院長によって決められた裁定に従うべきである。」
「悔い改めの法令1070」（5項）

[42] R. Le Strange，*op. cit.*，pp.83-84.

[43] 中田薫、『法制史論集　第二巻　物権法』p.201，岩波書店（1938，再版1970）.

[44] 久保正幡、『西洋法制史研究』岩波書店、p.150(1952).

[45] R. Le Strange，*op. cit.*，p.85.

[46] C. J. W. Messent，*op. cit.*，p.61.

[47] P. J. Cassidy，ed.，*Webster's Revised Unabridged Dictionary*，MICRA，Inc(1913).

[48] R. Le Strange，*op. cit.*，pp.82-83.

[49] R. Le Strange，*op. cit.*，pp.85-86.

[50] R. Le Strange，*op. cit.*，p 79.

[51] R. Le Strange，*op. cit.*，p 85.

第11章

ノルマン征服から
15世紀までの
イングランドの社会

11.1　王朝の変遷

　ノルマン朝最後のイングランド王ヘンリー1世（在位1100－1135年）
は、行政改革により司法行政組織を強化した。王室顧問会議となる枢密院
(Curia Regis) と財務裁判所 (Exchequer Court) を確立し、ドゥムズデイ・
ブックに基づいて徴収された税金により国内情勢は安定化した。特にノル
マン人とアングロ・サクソン人の間の融和に金銭を投入し、国内の行政組
織や軍事組織にもアングロ・サクソン人を登用した。これはアングロ・サ
クソン人にとっては極めて喜ばしい改革となり、アングロ・ノルマン時代
が到来した。それゆえ、これがイングランドにおけるゲルマン民族大移動
の終結ともなった。各地の領民たちは、それぞれ独特の三圃農法によって
十分な食糧を確保できる状態となり、定着状態が充実した。

　続くスティーヴン王（在位1135－1154年）の時代には、王位継承問題
により政府の機能が著しく低下した。しかし、敬虔なスティーヴン国王夫
妻はフランスから多数のシトー派修道士を招き、彼らの諸領地を含めて多
額の寄進を行った。この時代に40以上の大小修道院が各地に創建されたこ
とが知られている。

　プランタジネット朝初代のイングランド王であるヘンリー2世（在位
1154－1189年）は、イングランドだけでなくノルマンディを加えたフラ
ンス西部までを支配した。配下の騎士層、修道院長、司教たちはマナー・
ハウスで芸術を鑑賞するなど楽しい生活を満喫し、人口の9％に当たる農
奴(serf) も比較的厚い保護を受けていた。この頃、ほとんどの修道院は司
教の支配下ではなかった。

　国王リチャード1世（在位1189－1199年）は生来軍事的行動を好み、
1189年にローマ教皇の要請に応えて第3回十字軍に参加した。エルサレム
に向かうヨーロッパ諸国の国王やその親族と統率指導者の地位を巡って抗
争したため、イスラムのサラディンと講和を結んで帰国する途次に、不和
だったオーストリア国王の地で幽閉された話は有名である。

　続いて、リチャードの弟ジョン（在位1199年－1216年）が王位に就い
た。彼は、嘘つき、利己的、残虐で有名であり、聖職者および俗人の家臣双

方から金銭と搾り取っていた。そして対仏戦争にも敗北し、ノルマンディはフランス領となった。反発した国内の貴族・上級家臣から諸権利保証の約束を強制されたマグナ・カルタは有名である。それ以降、1330年まで不運な国王や暗愚な国王の就位が続いたため、貴族たちが勢力を回復した。

1337年からは、フランスとの間の間欠的な戦争である百年戦争が勃発した。1360年まではイングランドが優勢であり、ノルマンディ奪取に成功した。しかし、1369年頃よりフランスが優勢となった。1399年からヘンリー4世〜6世の時代はフランスに対して再び優位であったが、1429年にオルレアンにおいて有名なジャンヌ・ダルク率いるフランス軍に敗れた。

1453年に百年戦争が終結したのち、1471年から1485年にかけては、王位を巡る内乱である薔薇戦争が象徴的であった。同時に、多くの貴族間で諸領地を巡る抗争が勃発していた。1485年にヘンリー7世が即位すると、国王はこれらの抗争の諸領地を没収し、絶対王政のチューダー王朝となった。

11.2　ローマ・カトリック教会への不満

1100年から1250年の間、聖界の権威の制度化に対して多くの人々が不満を抱いていた。1250年以降はローマ・カトリック教会とそれを取り巻く社会の非道に対し非難が向けられ、教会存続の危機すら訪れた。

1274年のリヨン第2回公会議と1415－1418年のコンスタンス公会議との間におけるローマ教会の危機、13世紀後半の飢饉、14世紀後半から15世紀初頭の間の英仏百年戦争およびその後のイングランド国内の王座を巡る薔薇戦争等で、国内の特に農民階層が疲弊し、多くの貧窮者が出た。当時の記録では、野菜だけが常食であった下層階級もいた、という。ラングランドはこういった弊害を著書『農夫ピアズの幻想』の中で指摘している [1]。ヘンリー2世時代のラテン語の詩『司教ゴリアスの黙示』では、大食・暴飲は致命的七つの大罪の一つであると述べられている [2]。これは当時の飢饉を反映していた。

　中世における不平不満や風刺について、最も目立ち、そしてしばしば批判の的となったのは、一般的には宮廷の生活と特に教皇庁の生活であった。12世紀のソールズベリーのジョンの力強い批判、13世紀の無遠慮かつ高尚さに欠ける抗議を経て、14・15世紀の高尚で冷笑的な毒舌で最高潮に達する。

　批判の最たるものはアヴィニョン教皇庁に対してのものであった[3]。ローマ教皇庁のアヴィニョン移動（1309－1377年）は、アヴィニョン捕囚ともいわれる。フィリップ4世の意向を受けて、フランス人の教皇クレメンス5世が1309にアヴィニョンへ教皇庁を移動させた。人々は教皇庁がアヴィニョンとローマの2カ所に聖所を持ったことや、教皇選出における貪欲の罪、聖職売買、司教たちによる金銭欲のための聖職者任命などを批判したのである。

　教皇庁は意味もなくアヴィニョンにとどまり、その後の70年間、イタリア、フランス、イングランド、ハンガリー、ドイツなどは致命的七つの大罪等からの拘束を解かれたかのごとくに奔放な政策にあけくれ、各地で反乱や蜂起など混乱を招くことになった。英仏百年戦争（1337－1453年）もこの時期のことである。

11.3　イングランド国王と教皇との闘争

　14世紀の国家間の軍事衝突においては、教皇が仲介の役割を果たそうとしたこともある。しかしフランスにおけるフィリップ4世と教皇ボニフェス8世との間の争議に端を発し、各国の支配者は自分たちの国土支配をローマ教会に優る権力にしようとした[4]。フランスとイングランドの国王は自国の財源を手元に結集しようとし、その結果、ローマ教会所有財産が狙われた。

　1378年から1415年の各教会における分派行動は教会を分裂させ、これにより王侯貴族が権益を増加させることになった。そしてこれらを定常化するための法令化が始まった。イングランドでは、「ローマ教皇がイング

ランドの空席の聖職録に対して独自に任命を下すならば罰する」という法令が14世紀に数回発布された [5]。これは「指名実行の法令(Statutes of Provisors)」と呼ばれ、空席の聖職録に対してイングランド国王に優先して教皇が"Provisor"すなわち「指名の実行」を行うことを阻止するためのものであった。それにもかかわらず、教皇の指名実行は宗教改革まで継続した。

また、1393年に王権蔑視罪(ローマ教皇の権威がイングランド国王の権威に優るものとして王権を蔑視する罪)が下院議会で決議された。これは、人々の罪に対する告発を教会や聖職者ならびにローマ教会の聖職者に訴えることを禁止するもので、古き時代からの慣習として国王がその権限を行使すべきであり、国王の命令が最優先の課題である、と主張したのである。

11.4　イングランドの小作農

11.4.1　中世小作農の生活

1300年、グロスターの司教ロバートがイングランドの歴史に関する年代記に、「この国は非常に良い土地で、森の木々、家禽、塩漬けした魚、鉱山からの金、銀、鉄、良い穀物が育ち、なだらかな河川がある。」と書いている。このことから、イングランドは一言でいえば農業国であることがわかる。

中世の小作農は自由民(free men)、小屋住農(cotters)および農奴(villeins)の階層から構成され、彼らは土地を所有していなかった。自由民は、彼らが作業に従事している土地に対して定まった義務を負っていた。基本的にはその土地は領主から借用していたが、領主のために働くことは要求されてはいなかった。小屋住農は領主のための労働に従事し、その見返りとして居住する場所と収穫の少量部分が与えられていた。

しかし、中世小作農の大多数は苦しい生活をしていた農奴であった。彼らが居住していた土地はもちろん領主のものであり、自分たちの主人の領主と教会の双方に税金を納めていた。彼らは主人の土地から離れる自由を

持たず、作物の収穫期は1年間のうちの最も困難な時期であった。なぜなら、領主のためだけでなく、自分の生活維持のために働かねばならなかったからである。良い収穫物を領主に差し出すばかりでなく、樹木の伐採、排水のための溝堀り、あるいは柵の張り巡らしや維持に従事することが要求された。

　小作農は日曜日には働かず教会の礼拝に出席した。また、争議が発生すると村の裁判所に訴えることが許可されており、領主が代表となって裁定がなされた。農奴の子供たちは村の教会学校への出席が許されており、そこで祈りや賛美歌を学び、算数とラテン語の初等教育さえ受けることができた。一方、領主は他の領地からやって来る敵対者から自分の農奴を守ることが求められていた。そして飢饉に際しても彼らを保護せねばならなかった。

　ラングランドは、黒死病流行後に国が荒廃した原因は農夫の減少にあり、同じく国の復興もまた農夫の更生にかかっている、と述べている。その指導を託せる第一人者は村の教会の教区司祭であり、その次に農夫の指導を託せるのは、彼らの雇い主である領主層である。領主は日曜日には農夫たちを働かせず、教会の礼拝に出席するように仕向けたであろう。

11.4.2　黒死病流行と人口・労働問題

　14世紀は社会に大きな変化が生じた時代である。このことは黒死病流行を抜きに語ることはできない。黒死病によって1348年から1350年の間に全人口の30〜45％が死亡したことになっているが、それは全国平均であって、ある村では人口の80〜90％が死亡、最終的に100％が死亡した村もあったという。また、聖界人の40％が死亡した [6]。1348年に500〜600万人であった人口は、1450年においても200〜250万人止まりであった。人口は激減したまま1世紀を経過しても回復しなかったのである。

　黒死病の衝撃後、イングランド社会の全ての階層で不平不満が高まり、1381年5月に、ワット・タイラーの乱として知られる農民一揆 (Peasants' Revolt) が勃発した [7]。これは、百年戦争で財政状態が危機に瀕した国王リチャード2世が、小作農であれ富裕者であれ、成人は誰でも1人当たり年4ペンスの人頭税 (poll tax) を徴収するということに対して怒った小作

農の反乱であった。

　ワット・タイラーは反乱を指導し、カンタベリーから立ち上がった。この反乱においてタイラーと共に小作農民を指導したのが教区司祭のジョン・ボールとジャック・ストローであった。ワット・タイラーの幼少期については知られておらず、初めはウォルターと呼ばれ、反乱の直前までケント州に居住していた。また、ジョン・ボールはハートフォード州出身で、ロラード派のジョン・ウィクリフの思想に深く共鳴していた。ジャック・ストローの出自については、歴史家の間でもいくつかの異なった言及がなされていて確かでない。

　この農民一揆に対して国王リチャード2世は、いったんは和解の意向を持ちタイラーらと面談する運びになった。しかし、タイラーの国王に対する憎悪は厳しく、また国王の側近たちは国王よりも強硬に対応し、結局戦闘が再開された。まもなく、この3人の反乱指導者は捕らえられて断首され、反乱は鎮圧された。

11.5　托鉢修道士

　かつてローマ教会の教皇座は、イングランドにおけるキリスト教布教が滞っている理由は、ローマとイングランド間に共通する言語がないことであると考えた。そこで1221年に、教皇の庇護のもとフランスからフランシスコ派の托鉢修道士が送り込まれた。1232年以降、托鉢修道士会は異端対策の主要な役目を負うようになっていたが、その不道徳と指導力欠如は目に余るものがあった。そこでローマ・カトリック教会は、個々の都市や村、個々の地域の教会指導者を俗人に代表させることによって改革しようとした。具体的には俗人を教区司祭に教育し、腐敗した托鉢修道士たちを抹消しようとしたのである。

　危機感を抱いた托鉢修道士たちは、この俗人教育化の最先端を担う存在として生まれ変わろうとした。すなわち、説教を主な手段としたのである。彼らは、庶民が共感を覚え理解できるような語り言葉で説教始めた。人々

に秘跡を受けやすくしたばかりでなく、説教と喩えを一つの民衆的な体系に組織化し、また町から町へと巡歴して病人を看護したり、告解を聴いたりすることに意義を求めた [8]。

托鉢修道士は何も財産を持ってはならなかった。しかし、徐々に各自の小修道院 (priory) を手に入れ始め、最終的には図書館と大教会をも手に入れたの。始祖聖フランシスコが、学問研究は福音の使命にとっては危険な陥穽であると非難したにもかかわらず、オックスフォード大学の灰色衣の托鉢修道士ら（＝フランシスコ会）は、司教グロステストの指導のもとに、華々しい成果を挙げた。

14世紀になると、托鉢修道士制度は多くの敵を持つ二大団体となり、教区付聖職者もウィクリフ派の改革者も、ライバルとして托鉢修道士を憎んだ。しかし民衆の間には強力な信奉者を持っていた。それは托鉢修道士の衣服をまとって死ぬことは天国へのパスポートであると考えられていたからである。

11.6　国民感情の芽生え

中世においては、人々は団体として思考・行動した。各々の法的身分は、共同体——荘園（マナ）、自由都市（バラ）、ギルド、大学、修道院——におけるその人の地位によって決まり、1人の人間あるいはイングランドの1人の臣民としては、いかなる人も雇用や投票について何ら「権利」を持たなかった。すなわち、中世社会の単位は、国民でもなく個人でもなく団体だったのである。

このような集団原理に基づいて、各人のその仲間に対する関係を厳格に公式化することにより、文明は暗黒時代を脱して中世の燭光の中に現れてきた。そして、その後に訪れるルネッサンスと宗教改革の時代に、初めて個人的な自由への一歩を踏み出すことができたのである。

14・15世紀には農奴の解放、英語・英文学の誕生および国民感情の芽生えが見られた。そしてこれらの重要な動きと相応して、中世の教会がもは

や新しい国民の真剣な要求に応えることができなくなったことがはっきりしてきた。これは、聖職者の地位が低下したというよりも、むしろ俗人の地位が向上したことを意味する。

　教会が人心を完全に支配していたノルマン朝およびプランタジネット朝においても、聖職者の多数は極めて無学であり、またしばしば彼らの生活は非常にだらしないものであった。俗人は聖職者よりもさらに無知で粗暴であり、不品行であった。しかし聖職者たちの一般的な資質はどうであれ、初期の教会は知的・道徳的指導者を生み出していた。その結果、チョーサーの時代には、俗人も聖職者もそれほど褒められるような生活をしているわけではないけれども、教養あるふるまいについては広くゆきわたった基準があり、学問が進み、知的な展望がさらに広がった。教会が国民の教師としての役目をよく果たしたからこそ、その教え子たちが、自分自身でものごとを考えるようになったのである。

11.7　旧約聖書と幻視文書

　ヨーロッパのキリスト教界では、3世紀頃から一つのカテゴリーとして幻視文書 (visio) が確立していた。"visio de St. Paul"（3世紀頃）、『ウェッティの幻視』（9世紀）、『カール大帝の幻視』（9世紀）、"visio de Leofric"（11世紀）、『ヒルデガルト預言者の幻視』（12世紀）、『ゴーシュランの幻視』（12世紀前半）、『聖処女マリアの幻視の書』（14世紀）、『農夫ピアズの幻想 (visio de Piers the Plowman)』（14世紀後半）など多数ある。

　幻視文書の世界観は旧約聖書の預言に多く見られ、例えば『箴言』29章18の「幻視がなければ民は堕落する。しかし律法を守る者は幸いである。」などが挙げられる。幻視は神に選ばれた者が神に導かれて視るものであり、「人の口を借りて告げられる神の意志」とされ、預言、黙示、啓示、託宣に近い。自分の国がどのように堕落しているかを幻視し、その原因を探る。

　中世イングランドにおいて『農夫ピアズの幻想』を記したとされるラングランドの身分について、序歌、二歌、三歌、七歌に出てくるところの司

教座聖堂助祭、副助祭、教会裁判所、召喚吏、聖堂区主任司祭、などの記述から考察してみる。

　11世紀頃、イングランドの主な都市の大聖堂 (cathedral) の運営は、宗教に関係のない世俗的な司教座聖堂参事会員である在俗聖堂参事会員 (Secular Canons) と、「聖アウグスティヌスの会則」に基づいて誓願を立てたアゥグスティノ律修参事会員 (Regular Canons)、すなわち集団で規則的な生活を送る司教座聖堂参事会員に分かれるようになった。律修参事会員は「聖アウグスティヌスの会則」の下、共同体で生活し、一定の囲い地の中に住むことが多かったものの、個人の家に住み、妻帯し、多くは土地所有者であった。また、律修道士が原則として平信徒を対象とするのに対し、律修参事会員は司祭、助祭、副助祭などの階位を持っており、その役職に応じた職務を遂行した。例えば司祭の資格を持つ者には信徒の直接的な指導が要求された。

　ラングランドは司教座聖堂参事会員の司祭クラスの聖職者であったと考えられる。黒死病終焉後に目立った聖界人の堕落は、高中位聖職者の聖職売買、教区司祭の貧しい村落からの逃亡、托鉢修道士の庶民へのたかり的生活、無知な庶民に死後の天国を約束する免罪符売りなどである。また、真面目に農作業に従事する農夫や公益工事人夫やさまざまな手作業に従事する職工とは異なる、不熱心な労務者、乞食、泥棒の増加も非難された。『農夫ピアズの幻想』は、黒死病流行後の国民に蔓延し始めた致命的七つの大罪の一つ「怠惰」に対する、ラングランドの深刻な告発であったといえよう。

参考文献

[1]　W. ラングランド，『農夫ピアズの幻想』，池上忠弘（訳），新泉社 (1975).

[2]　司教ゴリアスの黙示，『放浪学僧の歌―中世ラテン俗謡集』，瀬谷幸男（訳）、南雲堂フェニックス (2009).

[3]　P. N. R. Zutshi, The Avignon Papacy, *The New Cambridge Medieval History c.1300-c.1415*, Vol.VI, Michael Jones, ed., p.653, Cambridge Univ. Press(2000).

[4]　A. L. Brown, *The Governance of Late Medieval England 1272-1461*, Hodder

Arnold(1989).

[5] J. Cannon, *The Oxford Campanion to British History*, Oxford Univ. Press(2009).

[6] W. M. Ormrod, and P. G. Lindley, ed., *The Black Death in England*, Paul Watkins Publishing(1996).

[7] G. M. Trevelyan, *History of England*, Longman(1973).

[8] C. R. Cheney, ed., *The Papacy and England 12th-14th Centuries*, Variorum Reprints(1982).

第12章

ヘンリー8世による
宗教改革

12.1　イングランド国教会の成立

　イングランドの宗教改革を行ったヘンリー8世（1491 − 1547年、在位 1509 − 1547年）は、幼少時から学問を好み、ラテン語やフランス語にも習熟していた。1509年、19歳で即位した2カ月後、死去した兄の妻であったアラゴンのキャサリン (Catherin of Aragon) と結婚した。また、内政を円滑に遂行するために、父国王の重臣であったウィンチェスター司教のリチャード・フォックスを重用していた。

　当時はあまり知られていなかったヘンリー8世の利己的、無慈悲、不安定の要素は、その頃から垣間見られ、1510年頃から、己の意向に反する重臣たちを反逆罪で処刑していた。その反面、熱心なカトリック教徒としてローマ教皇への忠誠心も見られ、実際、1521年に「信仰の擁護者」の称号を受けている。

　多情なヘンリーは王妃の侍女に目を向け離婚を望んだが、ローマ教皇クレメンス7世はこれに猛反対した。このため、ヘンリー8世と教皇との対立が激化し、イングランド国教会をローマ教会の支配から分離独立する機運が高まった。そして、1534年に国王至上法が国会で成立したことにより国王がイングランド国教会の長となり、ローマ・カトリック教会からの分離を宣言したのである。

　いずれにしてもヘンリー8世にとって、イングランドの利害がローマ教皇を通してローマ皇帝の意志に従属せしめられるのは許せないことであった。これは多くのイングランド人が前から認めていたことで、イングランドが一つの国家であろうとするならば、競争相手の外国や敵国によって操作されている教会裁判権を否認しなければならなかったのである。

　イングランド国内の聖職者議会は教皇の権威を否定し、その代わりとしてイングランド国家の権威を認めた。そしてヘンリー8世は宗教改革議会（1529 − 1536年）を7年間続けた。

図12.1　ヘンリー8世の肖像画（ハンス・ホルバイン 画、ウォーカー美術館所蔵）

12.2　修道院解散令

　ローマ・カトリック教会からの分離に伴い、ヘンリー8世は国家として
の独立のため、ローマ教皇の権威の名のもとに存在していた諸権利、すな
わちイングランド国内各地の教会の教区民より集められた10分の1税や、
国内の800以上の大小修道院が得ている収益等々をローマ教会へ納付する
ことを拒否できるようにしなければならなかった。

　ノルマン征服以降、封臣や再封臣に加えて豊かになった商人たちによっ
て、多くの所領が修道院に寄進されていた。その所領地から得られる収益
は全てローマ教会およびその支配下の聖職者たちによって消費され、国家
財政への寄与は皆無であった。修道院の所領による収益は、国王の管理す
る所領の収益の5分の1にも達するといわれていた。この国家財政の破綻
を食い止めるために、ヘンリー8世は1539年に修道院解散令を発布した。
これにより聖職者が俗人を支配下に置く状況を破棄し、各地の修道院の広

大な所領と社会的勢力を俗人に還元することを可能となった。

図12.2　修道院解散令で追放され、故国に戻る修道士の群れのイメージ画（田巻三奈 画）

　このことは、国王以下の官吏だけでなく俗人たちによっても支持された。修道院解散の数年前に、『乞食の嘆願』と題するサイモン・フィッシュのパンフレットが出まわり、ロンドンの人々は歓呼の声をあげてこれを読んだという [1]。『乞食の嘆願』は国王宛ての上奏文の形で書かれており、ヘンリー8世も読んだとされる。以下に一部を引用する。

「過ぎ去りし、陛下の御先祖さま方の時代に、もう一つ別の種類の、強壮で力強く、にせもので神聖で怠惰な乞食と浮浪者即ち司教、修道院長、副修道院長、執事、大執事、副司教、司祭、修道僧、托鉢修道士、免罪符売り、召喚吏が、たくみに陛下の王国にもぐりこみました。そしてしつこく物乞いをし、その結果、王国の3分の1以上の土地を手中に収めてしまった、この怠惰で破滅をもたらす種類の乞食と浮浪者の数を、数えることができるでしょうか。最良の領地、マナー、土地、大所領は彼らのものであります。」

　ヘンリー8世は没収した修道院の土地の大部分を貴族や廷臣、官僚、商人に売り、彼らはさらにその大部分を一段下の者に転売した。こうして各

州の土地は、教皇の権威と古い信仰に献身する団体の手から、俗人の手へと渡った。

12.3　臣民の宗教改革

　修道院解散令の発布後は、イングランド全土に司教区組織が敷かれ効力を発揮した。イングランド国教会では、各司教区司教はローマ教会時代の地位を保持したので、儀式や掟はほとんど変わらなかった。司教にとって教皇の代わりに国王を首長と仰ぐことはいともたやすかった。従来、司教は教皇に仕える僕としてよりも、イングランドの国王に仕える僕としての役目に慣れていたからである。司教たちは官僚としての経験、議会や枢密院における積極的な役割、教会と国家との間の要求を妥協させる慣習等のおかげで、その役割を順応させることができた。したがって司教には高い地位が用意されてあったが、その一方で、修道院解散令により修道院長は姿を消したのである。これは極めて意義深い変革であった。

　ヘンリーは教会の最高の首長として臣民の宗教改革に乗り出し、元気溌刺として万事鷹揚であった青年時代にオックスフォードの改革者たちから吸収した理想を実行に移した。その結果、ローマとの断行は決定的なものとなった。

　まず、民衆の迷信や善意の詐欺たる聖遺物崇拝や聖画像崇拝、金銭による贖宥の取引が、王の権限によって禁圧された。このため、全国にわたって聖遺物が破壊され、奇跡を行う聖画像が取り外された。例えば長い間イングランドの巡礼の主な中心であったトーマス・ベケットの聖堂とトーマス・ベケット崇拝は、全て禁止された。

　一方で、司祭に命じて英語の主禱文や十戒、信仰箇条を会衆に朗唱させ、また父親に命じてこれらを子供たちに教えこませた。英語の聖書を自由に広めることを許し、各教区教会に備えることを命じた。

　また1546年に、オックスフォード大学にカレッジと大聖堂が一体となったユニークなクライスト・チャーチを創建した。ケンブリッジ大学にも同

じく建てている。ヘンリー8世は大聖堂の中に告解を聴く場所としてチャペル（小型）を設置した最初の人物とされる。また既存の大聖堂はチャペル（大型）を増築した。

　ヘンリー8世の宗教改革は、「教会の科料に対する議会の攻撃」をもって始まり、「修道院の土地に対する国王の手入れ」に発展し、最後にウィクリフの夢であった「聖書を民衆の知識」とした。中でも修道士や托鉢修道士への弾圧や財産没収は、国王と議会による宗教改革を遂行する上でたいへん効果的であった。これにより、英国における修道院の土地取得は終焉を迎えたというべきであろう。

参考文献

[1]　乞食のための請願 (1528),『宗教改革著作集第11巻 イングランド宗教改革1』, 戸村潔（訳), 教文館 (1984).

初出一覧

　本書の各章は、以下の論文を底本として執筆した。第1～3章と第12章は本書のために新たに書き下ろした。

第4章　イングランドにおけるキリスト教国家の誕生

田巻敦子，中世ヨーロッパにみる天国と地獄の幻視，『比較宗教思想研究』，
　21輯，pp.25-54(2021).

第5章　中世初期アングロ・サクソン村落共同体における民族諸部族法

田巻敦子，中世初期アングロ・サクソン村落共同体における gift 交換の実体
　―民族諸部族法の視角から，『比較宗教思想研究』，13輯, pp.31-61(2013).
田巻敦子・池上忠宏，アングロ・サクソン時代の教会制度と教区司祭，『成
　城文芸』，160号，pp.29-47(1997).

第6章　プレカリアの歴史的変遷

田巻敦子，研究ノート「中世修道院寄進にみるランゴバルド構造とその源
　流」，『欧米の言語・社会・文化』，17号，pp.83-108(2011).

第7章　ノルマン征服前後のイングランド

田巻敦子・池上忠宏，アングロ・サクソン時代の教会区制度と教区司祭，
　『成城文芸』，160号，pp.29-47(1997).
田巻敦子・池上忠宏，ノルマン征服下のイングランドにおける俗界所領の
　教区司祭，『成城文芸』，162号，pp.47-71(1998).
田巻敦子，ノルマン征服と「悔い改めの法令1070」，『比較宗教思想研究』，
　8輯，pp.1-28(2008).

第8章　ノルマン系諸侯の所領形成

田巻敦子，ノルマン系諸侯ロジャー・ビゴットの所領形成の一側面―「聖
　ベネット・オブ・ホルム修道院の侵奪リスト」を通して―,『お茶の水史
　学』，51号，pp.85-115(2008).

田巻敦子，ノルマン征服と「悔い改めの法令1070」，『比較宗教思想研究』，8輯，pp.1-28(2008).

田巻敦子，博士論文「中世イングランドにおける修道院創建と告解制度―ノーフォーク州を中心に―」，新潟大学大学院現代社会文化研究科(2009).

第9章　ハーバート・ロジンガの司教区改革
田巻敦子，11・12世紀イングランドにおける告解制度―ノーリッチ司教ハーバート・ロジンガの司教区改革にみる―，『欧米の言語・社会・文化』，14号，pp.43-64(2008).

第10章　13・14世紀の告解制度下におけるノーリッチ市民による修道院創建
田巻敦子，13・14世紀、告解制度下におけるノーリッチ市民による修道院創建，『欧米の言語・社会・文化』，15号，pp.49-76(2009).

田巻敦子，ノルマン征服と「悔い改めの法令1070」，『比較宗教思想研究』，8輯，pp.1-28(2008).

第11章　ノルマン征服から15世紀までのイングランド
田巻敦子・池上忠宏，『農夫ピアズの夢』における無学な下層階級の救済，『成城文芸』，108号，pp.1-19(1984).

索引

著者紹介

田巻 敦子 (たまき あつこ)

2009年3月　新潟大学大学院現代社会文化研究科 修了、博士(学術)
2009年4月〜2012年3月　新潟大学大学院現代社会文化研究科 博士研究員

これまで研究発表のため所属していた学会：
中世英文学談話会、キリスト教史学会、日本中世英語英文学会、チョーサー研究会

◎本書スタッフ
編集長：石井 沙知
編集：石井 沙知
図表製作協力：菊池 周二
表紙デザイン：tplot.inc 中沢 岳志
技術開発・システム支援：インプレスR&D NextPublishingセンター

●本書の内容についてのお問い合わせ先
近代科学社Digital　メール窓口
kdd-info@kindaikagaku.co.jp
件名に「『本書名』問い合わせ係」と明記してお送りください。
電話やFAX、郵便でのご質問にはお答えできません。返信までには、しばらくお時間をいただく場合があります。なお、本書の範囲を超えるご質問にはお答えしかねますので、あらかじめご了承ください。

中世イングランドにおける
修道院の所領形成

2022年6月10日　初版発行Ver.1.0

著　者　田巻 敦子
発行人　大塚 浩昭
発　行　近代科学社Digital
販　売　株式会社 近代科学社
　　　　〒101-0051
　　　　東京都千代田区神田神保町1丁目105番地
　　　　https://www.kindaikagaku.co.jp

印刷・製本　京葉流通倉庫株式会社
Printed in Japan

ISBN978-4-7649-6039-8

近代科学社 Digital は、株式会社近代科学社が推進する21世紀型の理工系出版レーベルです。デジタルパワーを積極活用することで、オンデマンド型のスピーディで持続可能な出版モデルを提案します。

近代科学社Digitalは株式会社インプレスR&Dのデジタルファースト出版プラットフォーム"NextPublishing"との協業で実現しています。